MERIAN *live!*

D1928671

München

Hans Eckart Rübesamen und **Annette Rübesamen** schrieben diesen Band. Die beiden Reisejournalisten – Vater und Tochter – leben seit vielen Jahren in der Isarmetropole.

Familientipps

Diese Unterkünfte haben behindertengerechte Zimmer

In diesen Unterkünften sind Hunde erlaubt

Preise für ein Doppelzimmer mit Frühstück:

€€€€ ab 200 € **€€** ab 100 €
€€€ ab 150 € **€** bis 100 €

Preise für ein dreigängiges Menü ohne Getränke:

€€€€ ab 50 € **€€** ab 20 €
€€€ ab 35 € **€** bis 10 €

Inhalt

◂ Bei Föhn scheint die Alpenkette zum Greifen nah – Blick über Münchens Innenstadt.

Unterwegs in München 64

Spaziergänge und Ausflüge 106

Wissenswertes über München 126

Karten und Pläne

Die Koordinaten im Text verweisen auf die Karten, z. B. ▸ S. 146, B 14.

Willkommen in München

Bier oder Kunst, Hightech oder Fußball? Das »Millionendorf« lässt sich nicht einfach auf Klischees reduzieren. Und das ist gut so.

»Entschuldigung, wissen Sie, wo es hier zum Hofbräuhaus geht?«, fragt auf dem Marienplatz ein Tourist höflich einen Passanten, in dem er einen Einheimischen vermutet. Zu recht, wie die kurz angebundene Antwort erkennen lässt: »I scho« – ins Hochdeutsche übersetzt: »Ich weiß es schon, aber ich mag's dir nicht sagen« – und geht gemütlich seines Weges. Und wieder münchnerisch gedacht: »Warst halt dahoam blieben!« (»Wärst Du halt zu Hause geblieben!«)

Ja, so san's, die Münchner. Aber nur noch eine Minderheit hält am traditionellen, münchen-typischen Grant fest. München, mit 1,35 Millionen Einwohnern an dritter Stelle unter Deutschlands Großstädten, teilt das Schicksal von Berlin oder Hamburg: Immer weniger »Eingeborene« müssen sich gegen immer mehr sogenannte »Zuag'roaste« behaupten. Umso erstaunlicher, dass viele Charakterzüge der Stadt immer noch deutlich erkennbar sind.

Verbale Tabus

Denn nicht nur die Niederbayern und Oberpfälzer strömen schon seit vielen Jahrzehnten nach München. Über die »Preußen«, wie man hier alle nennt, die von nördlich der Mainlinie her stammen, hat man sich in München schon vor 150 Jahren erre-

◀ Der viel geliebte Biergarten am Chinesischen Turm (▶ MERIAN-Tipp, S. 70).

gen müssen, und seither sind es immer mehr geworden! Zu ihren Gunsten spricht, dass sie sich oft in rührender Weise um Anpassung bemühen, was von den Ur-Münchnern großmütig hingenommen wird, selbst wenn es dabei – wie bei der zurzeit florierenden Pseudo-Trachten-Mode – zu schrillen Verirrungen kommt. Nur beim gesprochenen Wort reagieren sie gereizt. Deshalb wirkt jeder Versuch, sich den bayerischen oder gar Münchner Dialekt anzueignen, hundertprozentig kontraproduktiv. Keinen Versuch, das verbale Tabu zu brechen, machen die 85 000 Studierenden an den Universitäten, Fachhochschulen und Akademien. Und natürlich die knapp 300 000 mehr oder weniger integrierten Ausländer, zu denen nicht nur die türkischen Müllmänner und die italienischen Gastronomen gehören, sondern auch polnische Zugehfrauen, Ärzte aus Ägypten und thailändische Näherinnen.

Medien, Bier und Fußball

Nur auf den ersten Blick überraschend ist die wachsende Anziehungskraft Münchens auf Zukunftsbranchen. Neuerdings rangiert die Stadt unter den vier bedeutendsten Hightech-Zentren auf der ganzen Welt. Nach New York ist es auch die Stadt mit den meisten Verlagen. In Deutschland teilt es sich als Film-, Fernseh- und Medienzentrum die Führungsposition mit Hamburg und Köln.

München bietet seinen Betrachtern und Besuchern eben sehr unterschiedliche Wahrnehmungsebenen. Im Parterre, sozusagen, machen sich die Massenmagnete breit: die Biermetropole mit ihren Brauereien und Festen und der ebenso geliebte wie geschmähte FC Bayern. So wenig wie Deutschlands erfolgreichste Fußballmannschaft bedarf das Oktoberfest einer Empfehlung. Sein Ruhm und Ruf als größtes Volksfest der Welt ist längst bis in den tiefsten Outback Australiens vorgedrungen.

Königlicher Glanz

Ein Stockwerk darüber, in der Beletage, lassen sich die Preziosen der Stadt in ihrer ganzen Fülle und Pracht bewundern. Die Altstadt ist seinerzeit nicht dem Dogma der »autogerechten Stadt« geopfert worden und damit ein Glücksfall für Spaziergänger, die auf Entdeckungsreise durch die Jahrhunderte gehen wollen und dabei unversehens auf die Laubengängen des Münzhofes oder den mystischen Raum der Asamkirche stoßen. Auf der gleichen Ebene präsentiert sich München als Residenzstadt der Wittelsbacher. Königlichen Glanz strahlen Ludwigstraße und Königsplatz, die Glyptotheken und Pinakotheken aus, auch wenn die jüngst dazugekommenen Museumsbauten Existenz und Inhalte nicht zuletzt demokratisch-bürgerlichen Initiativen verdanken.

Dass man in München auch zukunftweisende Architektur hinzunehmen bereit ist, demonstrieren seit den Olympischen Spielen 1972 mit ihrem weltweit als sensationell empfundenen Zeltdach zahlreiche »moderne« Bauwerke, wobei sogar ein Busbahnhof (dem Hauptbahnhof benachbart) die Architekten zu kreativen Hochleistungen motivieren kann.

MERIAN-TopTen

MERIAN zeigt Ihnen die Höhepunkte der Stadt: Das sollten Sie sich bei Ihrem Besuch in München nicht entgehen lassen.

1 Viktualienmarkt
Nicht nur wegen seiner kulinarischen Genüsse, auch wegen seiner Farbenpracht ist er ein Fest für alle Sinne (▸ S. 44, 109).

2 Englischer Garten
Ein grünes Freizeitparadies für Spaziergänger und Radfahrer (▸ S. 69, 116).

3 Jüdisches Zentrum
Der zentrale Ort für die Münchner Juden ist auch architektonisch ein Gewinn für die Stadt (▸ S. 73, 98, 109).

4 Königsplatz
Ein Stück Griechenland und zudem Münchens schönster klassizistischer Platz (▸ S. 75).

5 Marienplatz und Glockenspiel
Der Marienplatz ist das Herz der Stadt, das Glockenspiel im Rathaus ertönt dreimal täglich (▸ S. 77).

6 Fernsehturm und »Alter Peter«
Von beiden Türmen bietet sich ein traumhafter Blick über die Stadt (▸ S. 81).

7 **Höhepunkte der Residenz**
Antiquarium, Brunnenhof, Herkulessaal, Schatzkammer – Highlights ohne Ende (▸ S. 48, 82, 102, 103).

8 **Schloss Nymphenburg und Park**
Das barocke Schloss mit Schönheitsgalerie und herrlichem Park lohnt zu jeder Jahreszeit einen Abstecher (▸ S. 84).

9 **Die drei Pinakotheken**
Ein Muss für Liebhaber von alter und moderner Kunst: Alte und Neue Pinakothek sowie Pinakothek der Moderne (▸ S. 91, 100, 101).

10 **Deutsches Museum**
Auch für Technik-Ignoranten und Fortschritts-Verächter ist garantiert etwas Spannendes dabei (▸ S. 91, 96, 110, 112).

MERIAN-Tipps

Mit MERIAN mehr erleben. Nehmen Sie teil am Leben der Stadt und entdecken Sie die unbekannten Seiten Münchens.

1. **Gästehaus Englischer Garten**
Herzliche Aufnahme und familiäre Atmosphäre in einem der schönsten Winkel Münchens (▸ S. 18).

2. **Weißes Brauhaus im Tal**
Der ideale Platz für einen zünftigen Frühschoppen mit Unterhaltungswert (▸ S. 21).

3. **Waldwirtschaft Großhesselohe**
Der Biergarten in herrlicher Lage am Isar-Hochufer lockt mit bayerischen Schmankerln und Dixieland-Frühschoppen (▸ S. 24).

4. **Radspieler**
Liebevoll ausgesuchte Stoffe, noble Einrichtungsstücke und Accessoires ziehen hier Käufer wie magisch an (▸ S. 42).

5. **Wirtshaus im Schlachthof**
Nicht »nur« ein Wirtshaus, sondern auch Bühne, Biergarten und Tanzboden zugleich (▸ S. 50).

6. **Muffatwerk/Ampere**
Ideale und zentral gelegene Location für Konzerte, Performance, Tanz, Theater und Lesungen (▸ S. 52).

7 **Olympia-Zeltdach-Tour**
Wer gerne mal auf dem berühmten Zeltdach herumkraxeln möchte, kann das – sicher angegurtet – bei dieser Tour tun (▸ S. 61).

8 **Chinesischer Turm und Monopteros**
Von den Münchnern heiß geliebt: ein kurioses Bauwerk und klassizistisches Tempelchen (▸ S. 70).

9 **Müller'sches Volksbad**
Deutschlands schönstes Jugendstilbad ist sogar für Münchner immer noch ein Geheimtipp (▸ S. 79).

10 **Amalienburg im Schlosspark Nymphenburg**
Ein kostbares Kleinod unter den im Schlosspark verstreuten Rokoko-Architekturen (▸ S. 82).

Im Kranz (► S. 35), im trendigen Glockenbachviertel, stammt alles, was aufgetischt wird, aus ökologischem Anbau.

Zu Gast **in München**

Ein Besuch in München verspricht Vielfalt. In keiner anderen deutschen Stadt kann der Gast abwechslungsreicher wohnen, essen, einkaufen oder einfach nur bummeln gehen.

Übernachten Luxuriös mit Dachterrasse, zentral in der Altstadt oder familiär und idyllisch im Grünen? In München findet jeder das passende Quartier. Nur zum Oktoberfest ist alles ausgebucht.

◂ Ebenso stylish wie die Zimmer ist auch die Bar im Cortiina Hotel (▸ S. 13).

Mit über neun Millionen Übernachtungen ist München nach Berlin die Nummer zwei unter den Fremdenverkehrszentren. In Europa wird es nur von Paris, London und Rom übertroffen.
Ausgebucht ist die Stadt regelmäßig in den beiden Oktoberfestwochen sowie während der wichtigsten Messen. Viele der größeren Häuser bieten günstige Wochenend-Arrangements an.

Preise für ein Doppelzimmer mit Frühstück:

€€€€ ab 200 €	€€ ab 100 €
€€€ ab 150 €	€ bis 100 €

HOTELS €€€€

Teuer sind sie alle, aber ein jedes hat darüber hinaus seine Eigenheiten. Auf die sollten Sie achten, auch wenn Geld ausnahmsweise mal keine Rolle spielt. Übernachtung ohne Frühstück etwa ab 200 €. Doch in stilleren Zeiten ist der Spielraum nach unten ansehnlich.

Bayerischer Hof

▸ Klappe vorne, c 3

Hoher Unterhaltungswert • Feine Leute finden das Publikum, das die Hotelhalle als Laufsteg versteht, »halbseiden« – zu viele Möchtegern-Promis und allerlei aufgebrezelte Dämchen! Der Unterhaltungswert zumindest ist beträchtlich. Aber der über drei Stockwerke ausschweifend dimensionierte Wellness-/Spa- und Fitnessbereich überzeugt auch einschlägige Muffel. Die Restaurants (Garden und Atelier, Trader Vic's, Palais-Keller sowie die berühmte falk's-Bar und der gute alte Night-Club) setzen Maßstäbe.
Altstadt • Promenadeplatz 2 • U-/S-Bahn: Marienplatz • Tel. 2 12 00 • www.bayerischerhof.de • 373 Zimmer • ♿ • 🐕 • €€€€

Cortiina

▸ Klappe vorne, d 4

Domizil mit Zeitgeist • Pfiffig wie die falsche Schreibweise des Namens ist vieles an dem Hotel mit großer Anziehungskraft auf Kreative und Zeitgeisthörige. Das laut Selbstdarstellung »erste wahre Design-Hotel an der Isar« bietet stilistische und technische Raffinessen, Reisenden jenseits der 50 Jahre wird nicht alles gefallen. Traumlage in der City!
Altstadt • Ledererstr. 8 • U-/S-Bahn: Marienplatz, Isartor • Tel. 2 42 24 90 • www.cortiina.de • 33 Zimmer • 🐕 • €€€€

Kempinski Hotel Vier Jahreszeiten

▸ Klappe vorne, e 4

Traditionsreicher Luxus • Es war einmal ... Münchens beste Hoteladresse. Vom Glanz besserer Zeiten künden noch die große Glasrotunde in der Lobby und das souveräne Empfangspersonal. Ansonsten kämpfen die oft wechselnden Direktoren mit unterschiedlichem Erfolg gegen den »Zahn der Zeit« an. Wunderschöne Bankett-Räume, auch für kleinere Veranstaltungen. Das Beste am Haus: die Lage! Doch den Austritt auf die Maximilianstraße kann man auch genießen, wenn man hier zuvor nur in der Lobby einen Kaffee getrunken hat.
Altstadt • Maximilianstr. 17 • U-Bahn: Odeonsplatz • Tel. 2 12 50 • www.kempinski-vierjahreszeiten.de • 308 Zimmer • ♿ • 🐕 • €€€€

Königshof

▸ Klappe vorne, b 3/4

Der Klassiker • Keine internationale Hotelkette, sondern unter Leitung der Familie Geisel. Noblesse, Stil und Eleganz durchströmen das ganze Haus. Und das dazugehörende Restaurant mit dem wunderschönen Blick auf die Altstadt gilt deutschlandweit als eines des besten und schönsten (▸ S. 27).

Altstadt • Karlsplatz 25 • U-Bahn: Karlsplatz • Tel. 55 13 60 • www.koenigshof-hotel.de • 87 Zimmer • ♿ • 🐕 • €€€€

Louis Hotel

▸ Klappe vorne, d 5

Am Markt • Wer Luxus-Design-Hotels schätzt, in denen alles möglichst originell und ausgesucht sein soll, der ist hier gut untergebracht. Das Hotel definiert sich als »perfekter Zufluchtsort für Kosmopoliten«. Echte Kosmopoliten bestehen auf einem Zimmer mit Blick auf den Viktualienmarkt, denn der ist wirklich einzigartig am Hotel. Im Restaurant speist man japanisch; die Köche haben in Tokio gelernt.

Altstadt • Viktualienmarkt 6 • U-/S-Bahn: Marienplatz • Tel. 41 11 90 80 • www.louis-hotel.com • 72 Zimmer • ♿ • 🐕 • €€€€

Mandarin Oriental

▸ Klappe vorne, d 4

So fein wie klein • Noblesse und Eleganz herrschen überall im prächtigen Neorenaissance-Palast – unübersehbar, aber nicht aufdringlich oder protzig. Ein spezielles »Schmankerl« sind der Pool und die Dachterrasse (manchmal Yogakurse) des Luxushotels mit wunderschönem Blick über die Altstadt und auf die Alpen! Wer hier den »Sundowner« nimmt, läuft Gefahr, unverzüglich abzuheben – himmelwärts! Aus manchem Zimmer darunter schaut man jedoch auf ein unschönes Parkhaus.

Altstadt • Neuturmstr. 1 • U-/S-Bahn: Marienplatz • Tel. 29 09 80 • www.mandarinoriental.com • 73 Zimmer • ♿ • 🐕 • €€€€

Park Hilton München

▸ S. 143, E 8

Weltstadt-Spirit • Als Ketten-Hotel eines von der nobleren Sorte. Wenn München wirklich Weltstadt ist, spürt man's nicht zuletzt hier. Bestehen Sie auf einem Zimmer in den oberen Etagen mit Blick auf die Stadt! Hilton-Grill für Fans der kreativen Küche.

Schwabing • Am Tucherpark 7 • Bus: Tucherpark • Tel. 3 84 50 • www.hilton.de • 479 Zimmer • ♿ • 🐕 • €€€€

The Charles Hotel

▸ Klappe vorne, a 3

Weltläufiger Luxus • Es ist ein schönes Kompliment an die Stadt, dass der Londoner Sir Rocco Forte ausgerechnet in München eines seiner feinen, individuellen Luxus-Hotels errichtet hat. Nicht weit vom Hauptbahnhof erwarten den Gast großzügige Zimmer in schnörkelloser Eleganz, ein 15-m-Hotelpool und – als Hommage an den Standort – 17 Originalgemälde des Münchner Malers Franz von Lenbach.

Bahnhofsviertel • Sophienstr. 28 • U-Bahn: Königsplatz • Tel. 5 44 55 50 • www.charleshotel.de • 160 Zimmer • ♿ • 🐕 • €€€€

HOTELS €€€

Admiral

▸ Klappe vorne, d 6

Vis-à-vis Patentamt • Eine anmutige Preziose in nüchterner Umgebung,

nicht weit von der Isar. Hübscher Innenhof, in dem man wunderbar frühstücken kann. Im Hause herrschen (gewollt) altmodische Pracht und opulente Dekorationen. Wer das zu schätzen weiß, kommt immer wieder.
Isarvorstadt • Kohlstr. 9 • S-Bahn: Isartor • Tel. 21 63 50 • www.hotel-admiral.de • 33 Zimmer • ♿ • 🐕 • €€€

An der Oper ▸ Klappe vorne, d 4

Hier weht Theaterluft! • Traditionelles Stammquartier für Leute, die aktiv oder passiv mit den Theatern in der Nachbarschaft zu tun haben. Zierlich möblierte Zimmer. Es herrscht bereits eine künstlerische Atmosphäre, die nicht erst mühsam herbeigeredet oder -dekoriert werden muss!
Altstadt • Falkenturmstr. 10 • U-/S-Bahn: Marienplatz • Tel. 2 90 02 70 • www.hotelanderoper.de • 61 Zimmer • 🐕 • €€€

Anna ▸ Klappe vorne, a 3

Zentraler geht's nicht! • Direkt am Stachus, dabei ruhig und gepflegt! Das Hotel im renovierten Imperialhaus hat geräumige Zimmer und Bäder. Obgleich ein »Designer-Hotel«, wird der Gast nicht durch geschmackliche Verirrungen durchgeknallter »Raumgestalter« irritiert.
Altstadt • Schützenstr. 1 • U-/S-Bahn: Karlsplatz • Tel. 59 99 40 • www.annahotel.de • 75 Zimmer • 🐕 • €€€

Eden-Wolff ▸ S. 146, A 13

Beste bürgerliche Tradition • Gegenüber Hauptbahnhof und Airport-Bus Terminal. Gehört in seiner Klasse zu den bestgeführten Häusern.
Bahnhofsviertel • Arnulfstr. 4–8 • U-/S-Bahn: Hauptbahnhof •

Unaufdringlicher Luxus heißt das Zauberwort, mit dem The Charles Hotel (▸ S. 14), Münchens jüngste Nobelherberge, auch verwöhnte Gäste zufriedenstellt.

Tel. 55 11 50 • www.ehw. de • 210 Zimmer • €€€

Excelsior ▸ Klappe vorne, a 3

Favorit der Bahnreisenden • Bürgerliches Haus, was die Atmosphäre betrifft (Komfort und Preise sind first class). Ruhig gelegen, drei Minuten bis zum Hauptbahnhof. Restaurant und hauseigene Vinothek mit einem ausgezeichneten Weinangebot und sehr guter Küche.

Bahnhofsviertel • Schützenstr. 11 • U-/S-Bahn: Hauptbahnhof • Tel. 55 13 70 • www.geisel-hotels.de • 117 Zimmer • €€€

Hotel am Platzl ▸ Klappe vorne, d 4

Exzellenter Service • Am traditionsreichen Platzl, keineswegs nur für die Besucher des Hofbräuhauses gedacht. In wenigen Minuten ist man direkt in Münchens Stadtmitte! Erholungsbereich »Maurischer Kiosk«, Ludwig II. Märchenschloss Linderhof frei nachempfunden. Da hätte der König Augen gemacht!

Altstadt • Sparkassenstr. 10 (Eingang) • U-/S-Bahn: Marienplatz • Tel. 23 70 30 • www.platzl.de • 165 Zimmer • €€€

Insel-Mühle

▸ S. 140, nordwestl. A 1

Romantisch am Wasser • Bislang einziges Hotel der Romantik-Gruppe in München. Eine originalgetreu renovierte einstige Fachwerk-Kornmühle am Flüsschen Würm. Romantischer Biergarten unter schönen alten Kastanien, direkt am Wasser gelegen. Auch eine Küche von beachtlicher Qualität macht die Außenlage im Vorort Untermenzing wett.

Untermenzing • Von-Kahr-Str. 87 • S-Bahn: Untermenzing, Bus: Von-Kahr-Straße • Tel. 8 10 10 • www.inselmuehle-muenchen.de • 37 Zimmer • €€€

Olympic ▸ Klappe vorne, b 6

Immer noch ein Geheimtipp • Kleines Stadthotel mit Charme und flexiblen Preisen im boomenden Gärtnerplatzviertel. Engagiertes Personal kümmert sich um das Wohl der Gäste und gibt präzise Kommentare zu den Kneipen und Lokalen ringsum. Die meisten Zimmer liegen zum ruhigen Innenhof. Schade, dass es solche Häuser in München so selten gibt!

Isarvorstadt • Hans-Sachs-Str. 4 • U-Bahn: Sendlinger Tor • Tel. 23 18 90 • www.hotel-olympic.de • 30 Zimmer • €€€

Opéra ▸ S. 147, D 13

Hübsch gelegen • Schönes, traditionsreiches Haus mit sehr persönlicher Atmosphäre, Antiquitäten in anheimelnden Zimmern, malerischer italienischer Innenhof und eine zauberhafte Sgraffitto-Fassade. Zentrale Lage.

Lehel • St.-Anna-Str. 10 • U-Bahn: Lehel • Tel. 2 10 49 40 • www.hotel-opera.de • 25 Zimmer • €€€

Palace München ▸ S. 147, E 14

Luxuriöse Apartments • Ein Haus in moderner Architektur, das über seinen First-Class-Standard hinaus Appartements bietet. Hübscher Innenhofgarten, Dachterrasse. Im Nobelstadtteil Bogenhausen gelegen. Achtung, Schwimmer: Nur einen Katzensprung entfernt liegt das schöne, parkartige Prinzregenten-Freibad!

Bogenhausen • Trogerstr. 21 • U-Bahn: Prinzregentenplatz • Tel.

Das Mandarin Oriental Munich (▸ S. 14) mit atemberaubendem Blick über die Dächer Münchens ist eines der schönsten Hotels Deutschlands.

41 97 10 • www.muenchenpalace.de • 67 Zimmer • 🐕 • €€€

Preysing ▸ Klappe vorne, f 6

Zu Fuß ins Konzert • Nahe dem Gasteig gelegenes Haus, das sich durch individuelle Atmosphäre und überdurchschnittlichen Service einen treuen Kreis von Stammgästen geschaffen hat.
Haidhausen • Preysingstr. 1 • S-Bahn: Rosenheimer Platz • Tel. 45 84 50 • www.hotel-preysing.de • 62 Zimmer • 🐕 • €€€

Ritzi ▸ S. 147, E 14

Junges, engagiertes Team • Gutes Stadthotel im noblen Stadtteil Bogenhausen. Nicht weit zur Isar. Junges Team, international gestylte Zimmer im Asien-, Marine- oder Kolonialstil, Bistro mit interessanter Crossover-Küche.
Bogenhausen • Maria-Theresia-Str. 2a • U-Bahn: Max-Weber-Platz • Tel. 4 14 24 08 90 • www.hotel-ritzi.de • 25 Zimmer • 🐕 • €€€

HOTELS €€ BIS €€€

InterCity Hotel ▸ Klappe vorne, a 3

Ruhig und gediegen • Gutes Mittelklassehotel im Hauptbahnhof, »als Haus der kurzen Wege« zu empfehlen. Konferenzräume mit aller Technik, aber auch der Privatmensch ist gut untergebracht.
Bahnhofsviertel • Bayerstr. 10 • U-/S-Bahn: Hauptbahnhof • Tel. 44 44 40 • www.intercityhotel.de • 194 Zimmer • 🐕 • €€ bis €€€

Splendid-Dollmann
▸ Klappe vorne, f 4

Kultivierte Atmosphäre • Kleines, gepflegtes Privathotel für Individualisten, die Freude an kultivierter Ein-

richtung und Antiquitäten haben. Bezaubernder Salon mit Bibliothek, man mag das Haus gar nicht mehr verlassen. Winziger, charmanter Garten.
Lehel • Thierschstr. 49 • U-Bahn: Lehel • Tel. 23 80 80 • www.hotel-splendid-dollmann.de • 35 Zimmer • • €€ bis €€€

Torbräu ▸ S. 146, C 14

Tradition seit Jahrhunderten • Gut geführtes Haus am Isartor. Ruhige Zimmer und sympathischer Service. Ein italienisches Restaurant mit einem Café und einer Confiserie gehört auch dazu.
Altstadt • Tal 41 • S-Bahn: Isartor • Tel. 24 23 40 • www.torbraeu.de • 91 Zimmer • • €€ bis €€€

MERIAN-Tipp 1

GÄSTEHAUS ENGLISCHER GARTEN ▸ S. 143, E 7

So gemütlich und familiär wie in dieser denkmalgeschützten Stadtvilla direkt am Englischen Garten hätte es so mancher Gast wahrscheinlich gern auch bei sich zu Hause. Zur Atmosphäre trägt neben Schleiflackmobiliar und perfekt gebohnertem Parkett vor allem die herzliche Rosemarie Zankl bei, Wirtin und Seele des charmanten Gästehauses. Natürlich ist so ein Geheimtipp im Grünen oft ausgebucht. Daher rechtzeitig reservieren!
Schwabing • Liebergesellstr. 8 • U-Bahn: Münchner Freiheit • Tel. 3 83 94 10 • www. hotelenglischergarten.de • 31 Zimmer • €€

HOTELS €€

Am Markt ▸ Klappe vorne, d 5

Idyllischer Altstadtwinkel • An einem der letzten Altmünchner Plätze beim Viktualienmarkt. Es gibt auch einfache Zimmer mit Etagendusche/WC.
Altstadt • Heiliggeiststr. 6 • U-/S-Bahn: Marienplatz • Tel. 22 50 14 • www.hotel-am-markt.eu • 32 Zimmer • • €€

Deutsche Eiche ▸ S. 146, C 14

»Eigentlich« nur für Männer • Das Hotel hat nicht nur eine Vergangenheit, für die der Name des Stammgastes Rainer Werner Fassbinder steht, sondern auch eine ansehnliche Gegenwart. Die Lage ist ausgesprochen attraktiv, das Restaurant für seine Küche und als beliebter Schwulen-Treff bekannt. Nur für Herren ist das große Bade- und Saunahaus.
Isarvorstadt • Reichenbachstr. 13 • U-Bahn: Fraunhoferstraße • Tel. 2 31 16 60 • www.deutsche-eiche.com • 26 Zimmer • €€

Mercure am Olympiapark ▸ S. 141, F 3

Gutes Preis-Leistungs-Verhältnis • Ausstattung, Komfort, Service und die Lage im attraktiven Stadtteil Neuhausen garantieren eine angenehme Atmosphäre. Das Hotel steht nicht direkt am Olympiapark, doch ein Spaziergang dorthin ist wirklich nicht weit und tut den Lungen gut!
Neuhausen • Leonrodstr. 79 • Bus und Tram: Leonrodplatz • Tel. 12 68 60 • www.mercure.de • 66 Zimmer • • €€

Schlicker »Zum goldenen Löwen« ▸ Klappe vorne, d 5

Alt-Münchner Atmosphäre • Einer der wenigen Traditionsgasthöfe im

Tal, die überlebt haben. Anpassung an die Gegenwart erfolgt nicht mit übertriebener Beflissenheit. Marienplatz und Viktualienmarkt sind gleich um die Ecke.
Altstadt • Tal 8 • U-/S-Bahn: Marienplatz • Tel. 2 42 88 70 • www.hotel-schlicker.de • 70 Zimmer • 🐕 • €€

HOTELS € BIS €€

Blauer Bock

▸ Klappe vorne, c 5

Über 400 Jahre alt • Schritt für Schritt ist das unter Denkmalschutz stehende Haus renoviert worden. Die Zimmer auf vier Etagen mit modernem Komfort haben Blick auf den ruhigen Innenhof, den romantischen Sebastiansplatz oder auf die Türme der Altstadt. Für mehr oder weniger mittellose (Lebens-)Künstler hält das Hotel einige einfache Zimmer ohne Bad bereit. Zum Haus gehört aber auch ein Gourmet-Restaurant.
Altstadt • Sebastiansplatz 9 • U-/S-Bahn: Marienplatz • Tel. 23 17 80 • www.hotelblauerbock.de • 75 Zimmer • 🐕 • € bis €€

Leopold

▸ S. 143, D 6

Beste Familientradition • Ein gut funktionierendes, verkehrsgünstig gelegenes Haus im Norden Schwabings. Die Zimmer zum Innenhof sind ruhig.
Schwabing • Leopoldstr. 119 • U-Bahn: Münchner Freiheit • Tel. 36 70 61 • www.hotel-leopold-muenchen.de • 75 Zimmer • 🐕 • € bis €€

Mariandl

▸ S. 146, A 14

Ehrwürdiger Gründerzeitbau • Im Klinikviertel, daher von der medizinischen Zunft (ohne Chefarzt-Einkünfte) bevorzugt. Schöne Parkettböden. Das legendäre Musikcafé am Beethovenplatz, das mittlerweile einzige seiner Art, gehört dazu.
Ludwigsvorstadt • Goethestr. 51 • U-Bahn: Goetheplatz • Tel. 5 52 91 00 • www.mariandl.com • 30 Zimmer • € bis €€

Das Mariandl (▸ S. 19): Hotel und Haus aus der Gründerzeit haben viel Charme.

HOTELS €

Am Viktualienmarkt

▸ Klappe vorne, c 5

Münchnerisch durch und durch • Im Familienbetrieb kümmern sich Mutter und Tochter mit viel Herz um ihre Gäste. Es gibt kleine, gut ausgestattete Zimmer und ein üppiges Frühstücksbuffet, das von einem Hofgut am Bodensee bestückt wird.
Isarvorstadt • Utzschneiderstr. 14 • U-/S-Bahn Marienplatz • Tel. 23 11 09-0 • www.hotel-am-viktualien markt.de • 27 Zimmer • 🐕 • €

Essen und Trinken

Deftige Wirtshäuser, schrille Szene-Treffs, Ethno-Küche und die Finessen der Haute Cuisine: Wer in München essen gehen will, hat nicht erst bei der Lektüre der Speisekarte die Qual der Wahl.

◄ Garibaldibar (► S. 33): ein Parade-Italiener, wie ihn die Münchner mögen.

Nicht allein seiner Gourmettempel wegen ist München ein Spitzenplatz in der kulinarischen Bundesliga sicher. Als südliches Einfallstor nach Mitteleuropa ist es vor allem für Italiener, zunehmend aber auch für Griechen, Türken und andere mediterrane oder südosteuropäische Zugewanderte attraktiv geworden. So finden sich die meisten italienischen »Ristoranti« auf deutschem Boden in München, darunter einige der besten. Hinzu kommen Thailänder und Japaner, Mexikaner und Argentinier, Iraner und Marokkaner – die Internationalität könnte vielfältiger nicht sein! Außerdem leben und speisen die Münchner häufiger aushäusig als etwa die Stuttgarter oder Hamburger. Davon profitieren Kneipen und Wirtschaften, Lokale und Restaurants aller Art, von denen viele erstaunlich gut besucht, manche sogar regelmäßig proppenvoll sind.

Weißwürste und andere Schmankerl

Die bayerische Küche ist von Natur aus reichhaltig und deftig – deshalb meinen manche Gastronomen, dass es auf Feinheiten nicht so ankommt. Aber »einfach« heißt bekanntlich nicht »primitiv« und »herzhaft« nicht »fetttriefend«. Wer sich an die landestypischen Gerichte hält und dazu das übliche Bier trinkt, wird mit seiner Rechnung in der Regel unter der 20-€-Grenze bleiben.

Die beliebtesten **Spezialitäten** Münchens werden mittlerweile zwar auch schon »exportiert«, schmecken aber nirgends so gut wie in ihrer Heimat. Die **Weißwürste**, zu Brät verarbeitetes Kalbfleisch, sind übrigens eine Zufallserfindung. Früher hieß es: »Sie sollen das 12-Uhr-Läuten nicht mehr hören« – eine Regel, die bei den heutigen Kühlmethoden nicht mehr wörtlich zu nehmen ist. Trotzdem – vormittags schmecken sie einfach am besten! Dazu passen Brezn, süßer Senf und natürlich ein frisches Weißbier.

MERIAN-Tipp 2

WEISSES BRAUHAUS IM TAL

► Klappe vorne, d 4

Der ideale Platz für einen gelungenen Frühschoppen. Das Weiße Brauhaus begegnet der Gastronomie-Flaute mit einem attraktiven Angebot: Bis Schlag 12 Uhr, ein Zeitpunkt, den Weißwürste sowieso nicht überleben sollten, gibt es ein »Gedeck« mit zwei Weißwürsten, einem Weißbier und einer Brez'n für nur 6,65 €! Die Konkurrenten um den Marienplatz nehmen fast 9 € und haben nicht den Unterhaltungswert des Weißen Brauhauses zu bieten. Übrigens: Wer sich auskennt, sitzt drinnen, zwischen Stammtisch- und anderen lärmenden Runden, darunter einer für Taxifahrer, deren Mitglieder kaum anders ausschauen und reden als ihre Vorgänger vor 100 Jahren, die Pferdekutscher. Lautstärke und (gelegentlich) drangvolle Enge muss man vertragen können. Andererseits: Draußen ist nur für die Touristen!

Altstadt • Tal 7 • U-/S-Bahn: Marienplatz • Tel. 29 01 38-0 • www.weisses-brauhaus.de • tgl. ab 8 Uhr durchgehend • €

Bier ist das bayerische »Nationalgetränk«. Auch Münchens internationaler Ruf gründet sich nicht etwa auf die Kunst, sondern auf das Bier (und allenfalls noch auf den FC Bayern). Sicher wird die Bedeutung des Bieres für München überschätzt. Aber die Mehrzahl der Besucher strebt nun einmal zum Hofbräuhaus und nicht in die Pinakotheken.

Wiege des Reinheitsgebots

München hat sechs große Biermarken, als da wären: Augustinerbräu, Hacker-Pschorr-Bräu, Hofbräu, Löwenbräu, Paulaner- und Spatenbräu, die es zusammen auf 5,2 Mio. hl Bier pro Jahr bringen. Der Biermarkt ist hart umkämpft, und die Konkurrenz der Provinzbrauereien schläft nicht. Mit allen Tricks haben die Münchner Brauereien es bisher zu verhindern gewusst, dass auswärtige Konkurrenten in der Stadt Fuß fassen konnten. Zwar sind unterm Jahr alle möglichen »fremden« Biere zu haben, auf dem Oktoberfest aber und in den großen Biergärten dürfen ausnahmslos Münchner Brauereien ausschenken. Und das »Marken-Privileg« ist ein ausgesprochen lohnendes Geschäft: An heißen Tagen werden in Münchens größtem Biergarten, dem Hirschgarten, allein 17 000 Maß Bier – um es genau zu sagen: Augustinerbräu – getrunken!

Die ersten Braurechte sind anno 1143 dem Kloster Weihenstephan verliehen worden. Aber erst im 16. Jh. begann das Schwergewicht des Bierbrauens sich vom Norden Deutschlands in den Süden zu verlagern. Der gute Ruf des bayerischen Bieres ist zweifellos dem segensreichen **Münchner Reinheitsgebot** zu verdanken, mit dem Herzog Albrecht IV. anno 1487 verfügt hatte,

Was wäre München ohne seine Biergärten? Einer der stimmungsvollsten ist das am Ufer des Kleinhesseloher Sees im Englischen Garten gelegene Seehaus (▸ S. 31).

dass nur Gerste, Hopfen und Wasser zum Bierbrauen verwendet werden dürften. Dieses Gesetz gilt – allen EU-Bestimmungen zum Trotz – heute noch.

Glück unter Kastanien

In den Bierkellern vor den Toren der Stadt lagerten die Münchner Bierbrauer vor vielen Jahrzehnten ihren im Winter gebrauten Gerstensaft. Damit er auch im Sommer kühl blieb, bepflanzten sie die Gärten davor mit Schatten spendenden Kastanien. Dann kamen die Münchner Bürger, um das Bier gleich da zu trinken, wo es gelagert worden war. Um aber den Gastwirten in der Stadt keine Konkurrenz zu machen, durften die Brauer keine Speisen verkaufen: Man brachte sich also die Brotzeit zum Bier mit. Diese Tradition gilt noch heute, wenn auch mittlerweile zu jedem Biergarten Verkaufsstände gehören, in denen alles zu haben ist, was gut zum Bier passt, vom »Radi« (Rettich) bis zum »Obatzt'n« (angemachter Camembert).

Preise für ein dreigängiges Menü:

€€€€ ab 50 €	€€ ab 20 €
€€€ ab 35 €	€ bis 10 €

BAYERISCHE KÜCHE

Schlosswirtschaft zur Schwaige

▸ S. 140, A 2/3

Für erschöpfte Schlossbesucher • Sie gehörte einst zu den Wirtschaftsgebäuden von Schloss Nymphenburg und ist immer noch ein Teil des Schlosskomplexes. Daher bietet das Lokal sich den entspannungsbedürftigen Besuchern von Schloss und Park zur Stärkung an. An den Service darf man jedoch keine höheren Ansprüche stellen. Doch sitzt man recht hübsch, vor allem im Freien.

Nymphenburg • Rondell Schloss Nymphenburg • Bus/Tram: Schloss Nymphenburg • Tel. 12 02 08 90 • tgl. 11–22 Uhr • €€

Andechser Am Dom

▸ Klappe vorne, c 4

Deftiges und Feines • Zum süffigen Andechser Bier müssen die Münchner nicht mehr an die Originalquelle auf den »Heiligen Berg« nach Kloster Andechs pilgern. Sie bekommen es hier, im Schatten der Frauenkirche, und können dazu den beliebten Andechser Stinkekäse und andere deftige Sachen, durchaus aber auch Feineres ordern. Viele Produkte kommen aus den landwirtschaftlichen Betrieben des Klosters.

Altstadt • Weinstr. 7a (Durchgang Richtung Dom) • U-/S-Bahn: Marienplatz • Tel. 29 84 81 • tgl. 10–1 Uhr • € bis €€

Augustiner Restaurant

▸ Klappe vorne, b 4

Eindrucksvolle Bierburg • Stammhaus der Augustiner-Brauerei, der ältesten noch bestehenden Brauerei Münchens. Ein Bau im Stil der Jahrhundertwende und die eindrucksvollste Bier-Burg der Stadt mit pompösen, nichtsdestotrotz gemütlichen Hallen sowie einem lauschigen kleinen Innenhof für die heißen Tage des Jahres. Fleisch aus eigener Tierhaltung!

Altstadt • Neuhauser Str. 27 • U-/S-Bahn: Karlsplatz • Tel. 23 18 32 57 • tgl. 10–23.30 Uhr • € bis €€

Hofbräuhaus

▸ Klappe vorne, d 4

Besser als sein Ruf • So touristisch es in der »Schwemme» zugehen mag,

MERIAN-Tipp 3

WALDWIRTSCHAFT GROSSHESSELOHE

▸ S. 123, b/c 2

Idyllisch am westlichen Isar-Hochufer gelegen, gilt die Waldwirtschaft vielen als Münchens attraktivster Biergarten. Dies auch wegen der hier aufspielenden Dixieland-Bands. Wirt Sepp Krätz ist derzeit wohl Münchens erfolgreichstes Gastronomen-Schlitzohr – immer präsent, immer nach dem Rechten sehend, (fast) immer heiter. Die Stammgäste der »WaWi« sind froh, dass nicht alle seine umtriebigen Pläne in Erfüllung gegangen sind. So bleibt er ihnen vor Ort erhalten. Restaurant mit sehr guter Küche. 2000 Plätze, Spaten-Biere und großer Kinderspielplatz.
Großhesselohe, Georg-Kalb-Str. 3 • S-Bahn: Großhesselohe • Tel. 74 99 40 30 • www.waldwirtschaft.de • tgl. ab 10.30 Uhr, Nov.–März Mo geschl. • €€

so bürgerlich-gesittet sitzt und speist man in den Räumen des ersten Stocks. Die Küche arbeitet solide, preislich findet kein Touristen-Nepp statt. Den idyllischen Biergarten im Innenhof suchen auch die Anwälte aus den umliegenden Kanzleien gern zum »Lunch« auf.
Altstadt • Am Platzl 9 • U-/S-Bahn: Marienplatz • Tel. 2 90 13 60 • tgl. 9–23.30 Uhr • € bis €€

Braunauer Hof ▸ Klappe vorne, d 5

Fisch aus bayerischen Seen • Eines der sympathischen Wirtshäuser, die mehr halten als versprechen. Die Lage unmittelbar neben dem Isartor scheint wenig attraktiv, hat aber praktische Vorzüge. Der schöne Wirtsgarten hinter der nüchternen Fassade ist eine erfreuliche Überraschung. Gute bodenständige Küche, zu deren Repertoire auch Renke und Saibling gehören.
Altstadt • Frauenstr. 42 • S-Bahn: Isartor • Tel. 22 36 13 • Mo–Sa 11.30–22 Uhr • €

Fraunhofer – Wirtshaus mit Speis und Trank

▸ Klappe vorne, c 6

Kult und Kleinkunst • Nur bei näherem Hinschauen merkt man, dass die Zeit hier nicht schon vor 100 Jahren stehen geblieben ist. Das Kultlokal im Glockenbachviertel ist ein hinreißendes Beispiel dafür, wie Münchnerisches, Bayerisches, Treudeutsches und Globales zur einzigartigen Wirtshauskultur zusammenwachsen können, die dann doch wieder nur in München möglich scheint.
Dazu gehört nämlich auch (im Hinterhaus) eine Kleinkunstbühne und das legendäre »Werkstattkino«, das die ausgefallensten Filme aller Zeiten zeigt. »Spezialitäten«: Fleischernes wie gekochte Ochsenbrust oder Münchner Tellerfleisch. Zum Frühschoppen sonntags spielen Bands und Blaskapellen auf!
Isarvorstadt • Fraunhoferstr. 9 • U-Bahn: Fraunhoferstraße • Tel. 26 64 60 • Mo–Fr 16.30–1, Sa 11–1, So 10–1 Uhr • €

BIERGÄRTEN

Augustiner-Keller ▸ S. 145, F 9

Einst Hinrichtungsstätte! • In Hauptbahnhofsnähe gelegen, ist der »Augustiner« der meistgeliebte Bier-

garten der Altmünchner Originale und Grantler. Herrliche 100-jährige Kastanien, in ihrem Schatten gibt es 5000 Sitzplätze mit vielen Stammtischen, an denen auch so mancher prominente Bürger sitzt. Das Augustiner-Bier halten viele einheimische Kenner für das beste, weil es aus Münchens kleinster Brauerei kommt. Besonders beliebt: das Exportbier »Edelstoff«.
Bahnhofsviertel • Arnulfstr. 52 • U-/S-Bahn: Hauptbahnhof, S-Bahn auch Hackerbrücke • Tel. 59 43 93 • tgl. 10–1 Uhr • € bis €€

Aumeister

▸ S. 143, nordöstl. F 5

Am Englischen Garten • Idyllischer Biergarten im Nordteil des Parks und ein beliebter Ausflugsort für Spaziergänger und Radfahrer zugleich. Dazu gehört ein gutbürgerliches Speiselokal.
Schwabing • Sondermeierstr. 1 • U-Bahn: Freimann • Tel. 18 93 14 20 • www.aumeister.de • tgl. ab 11 Uhr, 10. Okt.–15. April Mo geschl. • € bis €€

Chinesischer Turm

▸ S. 143, D 8

Brotzeitparadies • Viele Spazierwege im Englischen Garten führen in dieses beliebte Bier- und Brotzeitparadies mit seinem kuriosen Symbol, dem Chinesischen Turm (▸ MERIAN-Tipp, S. 70). Nebenan erfreut ein altmodisches Kinderkarussell die kleinen Besucher. Treffpunkt auch von Touristen und allerlei illustrem Volk. Ein Mix von unterschiedlichsten Attraktionen, wie er so nur in München möglich ist!
Schwabing • Englischer Garten 3 • U-Bahn: Giselastraße, Bus: Chinesischer Turm • Tel. 3 83 87 30 • tgl. 10–23 Uhr • €€

Das Fraunhofer (▸ S. 24) im Glockenbachviertel kultiviert zwischen Stuck und alter Holzvertäfelung bayerische Wirtshauskultur.

Im Gourmettempel Tantris (▶ S. 27) zelebriert Starkoch Hans Haas seit 1991 große Küche. Seine lukullischen Kreationen wurden mit zwei Michelinsternen gekürt.

Hirschgarten ▶ S. 140, B 4

Groß und schattig • Mit 8000 Sitzplätzen ist er unbestritten Münchens größter Biergarten, unweit von Schloss Nymphenburg. Gemütlichkeit unter schattigen Kastanien, besonders reichhaltiges Brotzeitangebot, süffige Augustiner-Biere. Das angrenzende Wildgehege ist eine zusätzliche Attraktion nicht nur für Kinder. Mitte Juli findet im Hirschgarten traditionell das Magdalenenfest statt.

Nymphenburg • Hirschgarten 1 • S-Bahn: Hirschgarten • Tel. 17 99 91 19 • tgl. 11–24 Uhr • €

Zum Flaucher ▶ S. 146, südl. A 16

Geheimtipp an der Isar • Biergarten in den Isarauen, der jenseits der Grenzen von Sendling, Thalkirchen und Giesing kaum bekannt ist, was hier allgemein für einen Vorzug gehalten wird. 1800 Sitzplätze unter alten Kastanienbäumen und Linden.

Thalkirchen • Isarauen 8 • U-Bahn: Brudermühlstraße • Tel. 7 23 26 77 • Öffnungszeiten wetterabhängig • €

GOURMET-RESTAURANTS

Dallmayr ▶ Klappe vorne, d 4

Beletage mit Domblick • Das Restaurant des prominenten Feinkosthändlers mit der populären Kaffee-Reklame ist jetzt definitiv in der Spitzenklasse angekommen. Zu den erlesenen Gerichten der klassisch-mediterranen Küche fügt sich beste Tafelkultur aus Porzellan, Silber und Glas. Nichts auszusetzen? Mancher wird die Atmosphäre als zu »vornehm steif« empfinden. Doch wer repräsentieren will, mit Blick auf die Frauenkirche, ist hier bestens aufgehoben.

Altstadt • Dienerstr. 14-15 • U-/S-Bahn: Marienplatz • Tel. 2 13 51 00 •

www.dallmayr.de • Di–Sa 12–14, 19–22 Uhr • €€€€

Käfer-Schänke

▸ S. 147, E 13

»Schänke« ist stark untertrieben • Am beeindruckendsten sind die Arrangements von allem, was teuer ist und gut schmeckt. Ihr Renommee verdankt die Schänke der Spitzenqualität ihrer Produkte, vom Atlantikfisch über das Federvieh aus der Bresse bis zum Stilton-Käse. Große internationale Weinauswahl. Wenn Sie »zum Käfer« eingeladen werden, nicht lange überlegen, sofort zusagen!
Bogenhausen • Prinzregentenstr. 73 • U-Bahn: Prinzregentenplatz • Tel. 4 16 82 47 • www.feinkost-kaefer.de • tgl. außer So und feiertags 11.30–1 Uhr • €€€€

Königshof

▸ Klappe vorne, b 3/4

Münchens bestes Hotelrestaurant • Wer wirklich elegant und erlesen essen und trinken möchte, findet in der Stadt nichts Besseres. Besonders hervorzuheben: die urbane Atmosphäre mit Altstadt-Blick und die grandiose Weinkarte.
Altstadt • Karlsplatz 25 (Stachus) • U-/S-Bahn: Karlsplatz • Tel. 55 13 61 42 • Di–Sa 12–14.30, 18.45–21.30 Uhr • www. geisel-hotels.de • So, Mo geschl. • ♿ • €€€€

Schuhbecks Südtiroler Stuben

▸ Klappe vorne, d 4

Hoch veredelte Regionalküche • Der Hallodri aus dem Rupertiwinkel hat im Herzen der Altstadt Fuß gefasst, gleich neben dem Hofbräuhaus. Im nobel-rustikalen Rahmen bietet der Oberbayer, dank TV auch den Bewohnern der letzten Friesen-insel vertraut, hoch veredelte Regionalküche für Gourmets wie für Gourmands. Münchens gereifte Schickeria bejubelt ihn, zahlt klaglos die hohen Preise. Nur die Lektüre der salonbayerischen Speisekarte bereitet Schmerz. Als Genussanimateur und Selbstvermarkter ist Schuhbeck echt große Klasse. Erstaunlich nur, dass trotz seiner nervenden Allgegenwart – seinem schmunzelnden Konterfei kann man in der Stadt kaum entrinnen – die Küchenleistung kaum gelitten hat.
Altstadt • Platzl 6/8 • U-/S-Bahn: Marienplatz • Tel. 2 16 69 00 • www. schuhbeck.de • Di–Sa 12–17, 18–4, Mo ab 18 Uhr • €€€€

Tantris

▸ S. 143, D 6

Ein wahrer Gourmettempel • Der großartige Hans Haas hat sich längst als legitimer Nachfolger von Eckart Witzigmann und Heinz Winkler durchgesetzt. Große kreative Küche für einen ganz besonderen Abend. Das heißt auch: Spitzenpreise. Doch nur zum Vergleich: Was kosten Tennisschuhe mit dem richtigen Label? Auch der Service mit der einzigartigen Sommelier-Dame Paula Bosch ist Spitzenklasse, der Innendekor im 1970er-Jahre-Look hingegen gewöhnungsbedürftig! Für gehabte Gourmetgenüsse sollten Sie sich bei Fritz Eichbauer, dem Mäzen im Hintergrund, bedanken.
Schwabing • Johann-Fichte-Str. 7 • U-Bahn: Dietlindenstraße • Tel. 3 61 95 90 • www.tantris.de • Di–Sa 12–15, 18.30–1 Uhr • €€€€

Ederer

▸ Klappe vorne, c 3

Kochkunst ohne Schnörkel • Wer hierher findet, in den abgelegenen Teil der Fünf Höfe, trifft auf einen hoch begabten Koch und eine interessante Küche, aber nicht immer auf

uneingeschränkten Genuss. Meister Ederer neigt zu gelegentlichem Grant, wie die Münchner sagen, mit oder ohne Föhn. Doch wer sich an seine klassischen Kreationen hält, wird exzellent speisen.
Altstadt • Kardinal-Faulhaber-Str. 10 • U-Bahn: Odeonsplatz • Tel. 24 23 13 10 • www.restaurant-ederer.de • Mo–Sa mittags und abends • €€€

ETHNO-RESTAURANTS

Hippocampus ▸ S. 147, F 13

Spitzenküche auf Italienisch • Ein neuer Stern am gesamtdeutschen Gourmethimmel! Der Gault Millau hat dem Haus 17 Punkte verliehen. Doch Kenner wissen schon länger, dass mit Cosimo »Mimmo« Ruggiero ein großer Küchenchef am Werk ist, der es versteht, »Cucina Casalinga« und »Alta Cucina« fantasievoll miteinander zu verbinden. Dafür lohnt sich auch der Weg nach Bogenhausen. Noch interessanter als die Speisekarte sind die mündlichen Empfehlungen des Service-Chefs Sergio Artiaco, denen man blind vertrauen darf. Die Terrasse vor dem Lokal ist eine der schönsten in München. Übrigens: Hippocampus heißt Seepferdchen!
Bogenhausen • Mühlbaurstr. 5 • U-Bahn: Prinzregentenplatz • Tel. 47 58 55 • www.hippocampus-restaurant.de • tgl. 12–14.30, 18.30–23 Uhr, Sa-Mittag geschl. • €€€

Osteria Italiana ▸ S. 142, B 8

Gutes altes Schwabing • Münchens ältester Italiener, von Tradition gleichermaßen geadelt wie beschwert. Die Einrichtung ist altdeutsch-schummerig, die Küche klassisch-italienisch mit leicht toskanischem Einschlag, von Experimenten hält man hier gar nichts.
Maxvorstadt • Schellingstr. 62 • U-Bahn: Universität • Tel. 2 72 07 17 • Mo–Sa 12–14.30 und 18.30–23 Uhr, So geschl. • €€€

Vinaiolo ▸ S. 147, E 15

Vorzügliche Weinauswahl • Fast im Senkrechtstart hat sich die »Osteria con cucina« (stark untertrieben!) unter Münchens beste Italiener katapultiert. Nicht nur fantasievolle Variationen der regionalen Küche werden hier geboten, sondern auch ein besonders schönes, appetitanregendes Ambiente.
Haidhausen • Steinstr. 42 • S-Bahn: Rosenheimer Platz • Tel. 48 95 03 56 • tgl. 18.30–1, So–Fr auch 12–15 Uhr • €€€

Cohen's ▸ S. 142, B 8

Zwischen Israel und Galizien • Freitagabend gibt es zum Shabbat traditionelle Klezmer-Musik und den berühmten »gefillte Fisch«. Doch auch an den anderen Tagen verwöhnt Familie Cohen die Gäste ihres lichten, schlichten Lokals mit jüdischen Spezialitäten nach Urgroßmutters Rezepten, koscherem Wein von den Golanhöhen und herzlicher Ansprache.
Maxvorstadt • Theresienstr. 31 • U-Bahn: Universität • Tel. 2 80 95 45 • Mo–Sa 12.30–15, 18–24 Uhr • €€

Les Cuisiniers ▸ Klappe vorne, f 3

Einfach gut • Französisch-mediterrane Küche von schlichter, aber solider Machart. Wie man sie »eigentlich« nur in Frankreich findet. Für wenig Geld bekommt man hier etwas Gutes, oft nach alter Tradition zubereitet; dazu wird der Wein auch glasweise angeboten.

Lehel • Reitmorstr. 21 • U-Bahn: Lehel • Tel. 23 70 98 90 • www.lescuisiniers.de • Di–Sa 12–14.30, Mo–Sa 18.30-23 Uhr • €€

Kalypso

▸ S. 142, B 7

Rarer Edelgrieche • Taverne, die nicht nur von Souvlaki & Co dominiert wird. Auch Stadträte und OB Ude fühlen sich hier wohl. Kein Wunder bei den köstlichen Fischgerichten, die Wirt Manolis mit hellenischer Grandezza stolz auftischt.

Schwabing • Agnesstr. 8 • U-Bahn: Josephsplatz • Tel. 2 71 09 00 • www.kalypso.de • tgl. 11–1 Uhr • €€

Rüen Thai

▸ S. 145, D 10

Nur von außen unansehnlich • Trotzdem: Zur besten Thai-Küche in der Stadt lohnt sich der Weg ins Münchner Westend. Spezialitäten: Fischcurry, geschmorte Hühnerleber, Hummerkrabben im Kokosmantel – und als Überraschung eine sensationelle Weinkarte!

Schwanthalerhöhe • Kazmairstr. 58 • U-Bahn: Schwanthalerhöhe • Tel. 50 32 39 • www.rueenthai.de • 18–24, Mo–Mi auch 12–14.30 Uhr • €€

Kaimug

▸ Klappe vorne, c 3

Exotische Garküche • Die Bezeichnung »Thailändische Garküche« weist auf niedrige Preise hin. Trotzdem hocken nicht nur arme Schlucker an den schlichten Tischen. Auch Bankleute im korrekten Tuch genieren sich nicht, hier gesehen zu werden. Denn es geht hier nicht nur zwanglos, sondern auch höchst appetitlich zu. Hinzu kommt die schöne Lage der »Fünf Höfe«.

Altstadt • Theatinerstr. 15 • U-Bahn: Odeonsplatz • Tel. 20 60 33 27 • Mo–Sa 10–22, So 12–18 Uhr • €

KREATIVE SZENE-RESTAURANTS

Lenbach

▸ Klappe vorne, b 3

Essen und gesehen werden • Sir Terence Conran, britischer Stardesigner, erfand den legendären Laufsteg. Der soll die Eitelkeit symbolisieren, eine Sünde, der hier besonders heftig gehuldigt wird. Er führt mitten durch das Lokal, das sich als »Treffpunkt für ein kreatives junges Publikum« versteht. Tatsächlich gibt es in den Räumen des einstigen Bernheimer Palais viel zu sehen. Was sonst so serviert wird, geht mit der kulinarischen Mode – und schmeckt mal so, mal so. Aber meistens interessant.

Maxvorstadt • Ottostr. 6 • U-/S-Bahn: Karlsplatz • Tel. 5 49 13 00 • www.lenbach.de • Mo–Sa 11–14.30, 18–1 Uhr, So geschl. • €€€

Brenner Grill und Pasta Bar

▸ Klappe vorne, d 4

Urban, locker, leger • In den architektonisch fragwürdigen Maximilianshöfen am Marstallplatz hat sich das dreigeteilte Szenelokal mit Café, Pasta Bar und Grill eingenistet: Die Innenräume vermitteln Großstadtatmosphäre. Wer Leute sehen will, ist hier genau richtig, das Essen nimmt man dagegen lieber nicht so wichtig. Beliebter Treffpunkt auch für den abendlichen Aperitif.

Altstadt • Maximilianstr. 15 • U-Bahn: Odeonsplatz • Tel. 4 52 28 80 • Mo–Do 8.30–1, Fr–Sa 8.30–2, So 9.30–1 Uhr • €€

Buffet Kull

▸ Klappe vorne, d/e 4/5

Sympathisch und rummelig • Gelungene Mischung von Yuppie-Treff und gastronomischer Qualität. Man sitzt eng, spricht laut, und der Service sorgt für flotten Wechsel an den Tischen.

Altstadt • Marienstr. 4 • S-Bahn: Isartor • Tel. 22 15 09 • tgl. 18–1 Uhr • €€

Eisbach

▸ Klappe vorne, e 3

Cool, nicht kühl • Die Fassade ist über beide Etagen verglast. Dadurch wirkt im Eisbach alles hell, offen und freundlich. Das Bar-Restaurant serviert »East-West-Cooking« – internationale Gerichte mit multikulturellem Einfluss. An der Bar werden neben anderen Erfrischungen über 60 raffinierte Cocktails angeboten.
Altstadt • Marstallplatz 3 • Tram: Nationaltheater • Tel. 22 80 16 80 • tgl. 10–1 Uhr • €€

Gandl

▸ Klappe vorne, f 3

Charmant und liebenswert • Bistro in Verbindung mit einem Feinkostladen, beide gleich qualitätvoll und sympathisch. Profitiert außerdem vom Flair des Alt-Münchner Stadtteils Lehel. Im Winter tröstet das Kaminfeuer in der Gaststube darüber hinweg, dass man nicht draußen, an einem besonders schönen Fleckerl Münchens, sitzen kann.
Lehel • St.-Anna-Platz 1 • U-Bahn: Lehel • Tel. 29 16 25 25 • www.gandl.de • tgl. außer So 9–1 Uhr • €€

Conviva im Blauen Haus

▸ Klappe vorne, e 4

Erstaunlich günstig • Sieht aus wie eine Kantine – und ist zur Hälfte auch die Theaterkantine der Münchner Kammerspiele. Außerdem aber auch ein Gastronomie-Projekt, bei dem Menschen mit und ohne Behinderung zusammenarbeiten. Das funktioniert besser, als die Skeptiker glaubten. Leichte Küche zwischen bodenständig und raffiniert wird hier zu erstaunlich niedrigen Preisen auf den Tisch gebracht.
Altstadt • Hildegardstr. 1 • U-/S-Bahn: Marienplatz • Tel. 23 33 69 77 • www.conviva-münchen.de • Mo–Sa 11–1, So 17–1 Uhr • €

BÜRGERLICH

Drehrestaurant im Olympiaturm

▸ S. 141, F 1

Grandioser Rundblick • Im Unterschied zu anderen Aussichtslokalen isst man hier auch sehr ordentlich, allerdings nicht billig. Das geht in dieser Höhenlage (182 m) anscheinend nicht anders. Der Rundblick ist grandios – wenn das Wetter (am besten bei Föhn) mitspielt. Wer weniger Glück hat, speist im »Blindflug«.
Olympiapark • Spiridon-Louis-Ring 7 • U-Bahn: Olympiazentrum • Tel. 30 66 85 85 • tgl.12–16.30, 18.30–24 Uhr • €€€

Weinhaus Neuner

▸ Klappe vorne, b 4

Keine Experimente • Das Schönste an diesem Alt-Münchner Speiselokal sind die gemütlichen Räume mit den historischen Gewölben. Die Küche verzichtet auf Experimente und bietet Altbewährtes, enttäuscht aber selten. Große Auswahl an Weinen.
Altstadt • Herzogspitalstr. 8 • U-/S-Bahn: Karlsplatz • Tel. 2 60 39 54 • www.weinhaus-neuner.de • tgl. 12–15, 18–24 Uhr, So geschl. • €€ bis €€€

Asam-Schlössl

▸ S. 146, südl. A 16

Schnuckelig und beliebt • Ein »Schmuckkästchen«, vielleicht ein bisschen kitschig, aber sehr beliebt. Die vielen Stammgäste halten sich an die regionalen, preiswerten Gerichte. Bezaubernder kleiner Biergarten. Kurzer Spaziergang vom nahen Campingplatz an der Floßlände.

Thalkirchen • Maria-Einsiedel-Str. 45 • U-Bahn: Thalkirchen, Bus: Floßlände • Tel. 7 23 63 73 • tgl. 11–1 Uhr • €€

Seehaus

▸ S. 143, E 7

Für alle Gelegenheiten • Traditions-Lokal im neumodischen Glanz der Postmoderne am Kleinhesseloher See. Besticht vor allem durch seine wunderschöne Lage. Einkehrstation auch für Kaffee-und-Kuchen-Gäste wie für »Biergartler«.
Schwabing • Kleinhesselohe 3 • U-Bahn: Münchner Freiheit • Tel. 3 81 61 30 • tgl. 10–1 Uhr • €€

Spatenhaus

▸ Klappe vorne, d 3

Münchnerisch und international • Gutbürgerlich und gediegen, münchnerisch und international. Abends gepflegter als tagsüber, wenn die Touristen massenweise einfallen. Dank seiner Lage auch bei Theater- und Konzertbesuchern beliebt, die ein vielleicht anstrengendes Kulturerlebnis kulinarisch entspannt abrunden wollen.
Altstadt • Residenzstr. 12 • U-/S-Bahn: Marienplatz • Tel. 2 90 70 60 • EG tgl. 9.30–0.30, OG tgl. 11.30–1 Uhr • €€

Mariannenhof

▸ Klappe vorne, e 5

Für Jung und Alt • Jugendstil- und Art-déco-Kneipe mit Hausmannskost für Feinschmecker. Junge Leute und ältere Semester kommen hier gut miteinander klar.
Lehel • Mariannenstr. 1 • S-Bahn: Isartor • Tel. 25 54 46 72 • tgl. 11–1 Uhr • €

CAFÉS

Aroma Kaffeebar

▸ S. 146, A/B 15

Selbst gebackene Kuchen • Ein Szene-Café zum Wohlfühlen. Das muss kein Widerspruch sein! Besitzer Jürgen Altmann platziert seine Gäste mit Blick auf die offene Küche und serviert ihnen wunderbare Milchcafés, von der Mama selbst gebackene Kuchen, köstliche Suppen und knackige Salate und fein belegte »Pausenbrote« (auch zum Mitnehmen).
Isarvorstadt • Pestalozzistr. 24 • U-Bahn: Sendlinger Tor • Mo–Fr 7–20, Sa, So 9–20 Uhr

Rustikal, aber gepflegt: das Spatenhaus an der Oper (▸ S. 31).

Café Frischhut

▸ Klappe vorne, c 5

Für Frühaufsteher • Am Viktualienmarkt, mit »den besten Schmalznudeln Münchens«. Ein urgemütliches Kaffeehaus für Marktleute, notorische Frühaufsteher und die allerletzten Nachtschwärmer.
Altstadt • Prälat-Zistl-Str. 8 • U-/S-Bahn: Marienplatz • Mo–Fr 7–18, Sa 5–17 Uhr

Das OskarMaria im Literaturhaus (▶ S. 32): eine Hommage an den großen bayerischen Dichter Oskar Maria Graf und kommunikative Plattform für Kultur und Kulinaria.

Café Glockenspiel

▶ Klappe vorne, c 4

Achtung, Aussicht! • Ziemlich »in«, sehr gemischtes Publikum. Etwas altmodisch, das kann man sich aber leisten. Denn das etwas plüschige Café lebt schließlich vom einmaligen Blick auf Marienplatz, Rathaus und eben das Glockenspiel.

Altstadt • U-/S-Bahn: Marienplatz • tgl. 10–1, So 10–19 Uhr

Café Rottenhöfer

▶ Klappe vorne, d 3

Gegenüber der Residenz • Der Namengeber war einst »Erster Mundkoch» am Hof von König Ludwig. Die Tradition hat Bestand, das Konfekt wird von Münchens Society hoch geschätzt und ebenso teuer bezahlt.

Altstadt • Residenzstr. 25 • U-Bahn: Odeonsplatz • Mo–Fr 8.45–19, Sa 8–18 Uhr

OskarMaria im Literaturhaus

▶ Klappe vorne, c 3

Nicht nur für Dichter! • Gehobenes Bistro locker-flockig und in der einschlägigen Szene angesagt. Eine Huldigung an den Schriftsteller Oskar Maria Graf. Nur echte Dichter lassen sich selten blicken. Zeitungsleser sind hier bestens aufgehoben.

Altstadt • Salvatorplatz 1 • U-Bahn: Odeonsplatz • Mo–Sa 10–1, So 10–19 Uhr

Ruffini

▶ S. 141, D 3

Café und Kulturkneipe • Seit Jahrzehnten hat sich hier nichts verändert: Noch immer ist das Lokal ein bekannter Treffpunkt junger (Möchtegern-)Intellektueller, die den kollektiv geführten Laden als Café, Restaurant, Kulturkneipe und Lebensmittelpunkt nutzen.

Neuhausen • Orffstr. 22–24 • U-Bahn: Rotkreuzplatz • Di–So 10–24 Uhr

Stadtcafé
▸ Klappe vorne, c 5

Idyllischer Innenhof • Hier treffen Museumsbesucher (Münchner Stadtmuseum, Jüdisches Museum), Mütter mit oder ohne Baby(-pause) und eine alternativ-intellektuelle Stammgastszene nachhaltig aufeinander. Manchmal geht es ziemlich chaotisch zu, doch den meisten Gästen gefällt es gerade so.

Altstadt • St.-Jakobs-Platz 1 • U-/S-Bahn: Marienplatz • tgl. 10–24, Fr–Sa 10–1 Uhr

WEIN UND DEGUSTATION

Geisels Vinothek
▸ Klappe vorne, a 3

Erstklassiger Service • Zwangloser Treffpunkt für Feinschmecker, die anstelle eines opulenten Menüs etwas Leichtes genießen wollen. Weine werden glasweise ausgeschenkt.

Bahnhofsviertel • Schützenstr. 11 • U-/S-Bahn: Hauptbahnhof • Tel. 55 13 71 40 • tgl. 11–1, So 18–23 Uhr

Pfälzer Weinstube
▸ Klappe vorne, d 3

Gepflegte Schoppen • Wein hat in München mehr Tradition, als mancher »Bierdimpfl« meint. Dröhnender Beweis: die viel besuchte »Weinhalle« in der Residenz mit ihren preisgünstigen Schoppen und Flaschenweinen, den Würsten, Saumägen, Flammkuchen und ähnlichen Köstlichkeiten aus der einst bayerischen Pfalz. Beliebte Kontaktbörse bei »Best Ager« mit hoher Trefferquote.

Altstadt • Residenzstr. 1 • U-Bahn: Odeonsplatz • Tel. 24 22 91 10 • tgl. 10–0.30 Uhr

Sancho Panza
▸ S. 142, B 7

Exzellente Tapas • Der Weggenosse des Don Quichote hält sich wacker gegen die erdrückende kulinarische Mehrheit der Italiener in München. Spanisches Delikatessengeschäft von hoher Qualität, exzellente Tapas.

Schwabing • Elisabethmarkt • U-Bahn: Hohenzollernplatz • Tel. 2 71 02 01 • Di–Fr 10–19, Sa 9–14 Uhr

Schumann's TagesBar
▸ Klappe vorne, c 3

Cooler geht's nicht • Urbane Atmosphäre am Rande der Fünf Höfe, exzellente Qualität des begrenzten Angebotes an Ess- und Trinkbarem, der Service schnell und präzise und das Publikum so was von cool (mit »Financial Times«)!

Altstadt • Maffeistr. 6 • U-/S-Bahn: Marienplatz • Tel. 24 21 77 00 • Mo–Fr 8–21, Sa 9–19 Uhr

Garibaldibar
▸ S. 142, B 8

Italienisches in Bestform • Schlemmereien aus italienischen Regionalküchen. Und die passenden Weine glasweise dazu. Patron Spangenberg, ein wahrer Connaisseur, verkauft sie zu passablen Preisen.

Maxvorstadt • Schellingstr. 60 • U-Bahn: Universität • Tel. 28 67 36 70 • www.garibaldibar.de • Mo–Do 17–24, Fr, Sa 12–24, So 14–22 Uhr

Walter & Benjamin
▸ Klappe vorne, d 5

Kein Designer-Lokal • Die Wände sind »dekoriert« mit Weinregalen und Stapeln von Flaschenkartons. Dazwischen ein paar Tische, an denen kleine Gerichte serviert werden. Hier kann der Gourmet-Nachwuchs Erfahrungen mit Qualität beim Essen und Trinken sammeln!

Isarvorstadt • Rumfordstr. 1 • U-Bahn: Fraunhoferstraße • Tel. 26 02 41 74 • Di–Sa 10–23 Uhr

grüner reisen

Wer zu Hause umweltbewusst lebt, möchte dies vielleicht auch im Urlaub tun. Mit unseren Empfehlungen im Kapitel grüner reisen wollen wir Ihnen helfen, Ihre »grünen« Ideale an Ihrem Urlaubsort zu verwirklichen und Menschen zu unterstützen, denen ein verantwortungsvoller Umgang mit der Natur am Herzen liegt.

Grün ist nicht nur der Englische Garten

Eine Müsli-Hochburg ist München nie gewesen. Um mit Jutetasche und labbrigem Tofu-Burger durch die Stadt zu schlappen, waren die Münchner immer viel zu modebewusst und genießerisch veranlagt. Doch seit »grün« zum Lifestyle avanciert ist, sprießen immer mehr Lokale und Geschäfte aus dem Boden, die fantasievolle Bio-Küche, ökologisch hergestellte Möbel in puristischen Formen und Designer-Mode aus fair-trade-gehandelter Baumwolle anbieten. Es ist kein Zufall, dass ausgerechnet München im Jahr 1997 die Wiege von Basic war, einer Geschäftsidee, die Bio-Lebensmittel von ihrem leicht miefigen Reformhaus-Ambiente befreite und in klar designten Bio-Supermärkten anbot. Mittlerweile betreibt Basic bundesweit 24 dieser Märkte – sechs davon in München. Zusammen mit der wundersamen Vermehrung der Yoga-Studios im Stadtgebiet entsteht so der sicher nicht unbegründete Eindruck, dass die »Lohas«, wie die immer zahlreicher werdenden Anhänger einer nachhaltigen, dabei aber stilbewussten Lebensweise genannt werden, München zu ihrer Hauptstadt in Deutschland erkoren haben.

ESSEN UND TRINKEN

Das Kranz

Ob Fisch, Fleisch oder Olivenöl: Hier kommt alles garantiert aus biologisch oder biologisch-dynamischem Anbau – und als schlicht-feine Mittelmeerküche auf den Tisch. Auch das puristische Ambiente mit ungewöhnlichen Kupferelementen entspricht den aktuellen Trendvorstellungen. Das szenige Glockenbach-Publikum findet's toll – und schaut auch gern nachmittags zu Kaffee und Kuchen vorbei.

– Isarvorstadt • Hans-Sachs-Str. 12 • U-Bahn: Sendlinger Tor • Tel. 21 66 82 50 • www.daskranz.de • Mo–Fr 11–1, Sa, So 10–1 Uhr • €€ bis €€€

▸ S. 146, B 15

– Biergarten Muffathalle: Haidhausen • Zellstr. 4 • S-Bahn: Rosenheimer Platz, Tram: Deutsches Museum • Tel. 45 87 50 10 ▸ S. 147, D 14

Alter Wirt ▸ S. 123, c 2

Nicht nur ein herrlich grüner Garten, sondern auch eine beeindruckend grüne Speisekarte wartet auf die Gäste des mit viel Liebe und Einsatz geführten Bio-Hotels mit Restaurant im Nobelvorort Grünwald. Zur kreativ-ländlichen Frischeküche schmecken die Bio-Weine von Tauss (Steiermark) und Loacker (Südtirol). Übernachten kann man, baubiologisch einwandfrei, in metallfreien Betten aus heimischen Hölzern.

Grünwald, Marktplatz 1 • Tram: Grünwald/Derbolfinger Platz • Tel. 6 41 93 49 • www.alterwirt.de • Mo–Sa 11.30–14.30, 18.30–22, So 11.30–21.30 Uhr • €€

Prinz Myshkin ▸ S. 146, B 14

Schon vor 20 Jahren, als der Begriff »vegetarisch« vielen noch Inbegriff für fade, uninspirierte Körnerkost war, zeigte der »Prinz« bereits die ganze köstliche Vielfalt frischer Gemüseküche. In hellem, modernem Ambiente werden asiatisch und mediterran inspirierte Suppen, Salate und Nudeln serviert. Zwar nicht zertifiziert biologisch, aber garantiert ohne Konservierungsstoffe und Geschmacksverstärker.

Altstadt • Hackenstr. 2 • U-/S-Bahn: Marienplatz • Tel. 26 55 96 • www.prinzmyshkin.com • tgl. 11–0.30 Uhr • €€

Greeny's ▸ S. 146, C 14

Erster Münchner Bio-Fast-Food: Im szenig-grünen Lounge-Ambiente werden unter Stromsparlampen Kebabs und Pita, Suppen und Salate frisch zubereitet – und in recycelbaren Takeaway-Container verstaut. Alle Zutaten sind kontrolliert biologisch.

Altstadt • Tal 42 • S-Bahn: Isartor • Tel. 24 22 47 31 • www.greenysfood.com • €

MilchHäusl ▸ S. 143, D 8

Treffpunkt der Jungakademiker-Szene am Rand des Englischen Gartens. Alle Brotzeiten und Gerichte hier stammen zu 100 % aus kontrolliert biologischer Erzeugung, vieles ist fair gehandelt. Die meisten Zutaten für Schmankerl wie »Baguette Bavaria« und »Monaco Franze« kommen aus der Region. Auch als Kontaktbörse wissen Gäste ihren Bio-Imbiss zu schätzen!

Maxvorstadt • Königinstr. 6 • U-Bahn: Universität • Tel. 5 17 29 71 80 • www.milchhaeusl.de. • tgl. 10–20 Uhr • €

EINKAUFEN

glore fashion + baby

▸ S. 146, C 15

Unter den vielen Secondhandshops, die in München noch zahlreicher sprießen dürften als in anderen Städten, hat sich Brigitte von Puttkamer mit ihrem »concept store« einen besonderen Platz gesichert. Unter dem Motto »globally responsible fashion« in Deutschland. Neben Mode von Slowmo, Inka Koffke oder Misericordia findet man Schuhe von VEJA und Terra Plana sowie Babykleidung und diverse Accessoires.

Isarvorstadt • Baaderstr. 55 • U-Bahn: Fraunhoferstraße • Tel. 18 91 28 25 • www.glore.de

Herrmannsdorfer

▸ Klappe vorne, d 5

»Deutsch bis auf die Knochen« ist nicht nur das kerngesunde Schwäbisch Haller Schwein, sondern auch sonst alles, was in den ökologischen Landwerkstätten in Herrmannsdorf bei Glonn produziert und im Laden gegenüber dem Viktualienmarkt verkauft wird: Brot, Käse, Obst, Gemüse.

Altstadt • Frauenstr. 6 • U-/S-Bahn: Marienplatz • weitere Filialen: www.herrmannsdorfer.de

FESTE UND EVENTS

Tollwood-Festival

▸ S. 141, F 2

Unbestritten das größte Zeltfestival (▸ S. 58) Süddeutschlands, im Sommer wie im Winter. Es versteht sich als Hort der Kulturen, bietet Artisten, Liedermachern und Popgrößen eine Plattform. Von Anfang an ist es aber auch Forum für Ökologie und Umweltbewusstsein sowie Impulsgeber für vielfältige ökologische Projekte wie die Bio-Zertifizierung der Festivalgastronomie, das Engagement für einen gesünderen Mobilfunk oder die beispielhafte »Aktion für Kinder«, die sich wirksam für gesundes Essen in Münchens Kindergärten und Schulen einsetzt. Mit dem Wissen, dass alles frisch und bio ist, lässt es sich bei libanesischen Falafeln mit Minztee im fast echten Nomadenzelt gut aushalten.

Olympiapark • Ackermannstraße • U-Bahn: Scheidplatz, von da Shuttlebus • Tel. 3 83 85 00 • www.tollwood.de • Sommer: Mitte Juni–Ende Juli, Winter: Ende Nov.– Ende Dez.

FAMILIENTIPPS

Isar-Renaturierung

▸ S. 146, B 16

Seit 2000 läuft das Projekt »Isar-Plan«, mit dem die Isar auf einer 8 km langen Strecke von der südlichen Stadtgrenze bis zum Deutschen Museum so weit wie möglich ihren ursprünglichen Charakter als Wildfluss wieder erhalten soll. Als neueste »Kreation« im Rahmen des Projektes hat die Isar einen Seitenarm und damit auch eine neue, mit Weiden bepflanzte Insel bekommen. Am Ufer des neuen Seitenarmes, nahe der Wittelsbacher Brücke und direkt gegenüber der Weideninsel, sind breite Steinstufen angelegt worden, auf denen man sitzen und die neue Wildflusslandschaft entspannt betrachten kann (▸ S. 112).

Naturbad Maria Einsiedel

▸ S. 146, südl. B 16

»Schwimmen wie im See« kann man im städtischen Schwimmbad Maria Einsiedel, das herrlich unter uralten Bäumen liegt – und dessen Badewasser statt mit Chemikalien ganz biologisch mithilfe von Mikroorganismen gereinigt wird. Weitere Attraktionen: der reißende, eiskalte Isarkanal, der mitten durch die Liegewiese führt, und der abgegrenzte FKK-Bereich.

Thalkirchen • Zentralländstr. 28 • Bus: Bad Maria Einsiedel • Tel. 01 80/1 79 62 23 • Mai–Sept. 9–18, an heißen Tagen bis 20 Uhr • Eintritt 3,40 €, Kinder 2,50 €

Ein gedeckter Tisch unter Apfelbäumen: Dieser und obendrein eine »grüne Karte« erwarten die Gäste im Biohotel Alter Wirt (▸ S. 35) am Marktplatz in Grünwald.

AKTIVITÄTEN

Spurwechsel ▸ S. 146, C 15

Im Fahrradsattel entwickelt man ein echtes Gefühl für eine Stadt. Man riecht und hört sie, nimmt an ihr teil, gehört dazu. Abgesehen davon hält sich der CO_2-Ausstoß der Radl erfreulich in Grenzen.

Spurwechsel organisiert München-Rundfahrten auf dem Fahrrad: Ob »Stadt-Tour« (Sehenswürdigkeiten), »Na-Tour« (grünes München) oder »Polit-Tour« (Zeitgeschichtliches) – ein Guide und das Leihrad sind im Preis inbegriffen.

Au • Ohlmüllerstr. 5 • Tel. 6 92 46 99 • www.spurwechsel-muenchen.de • für 1–8 Gäste inkl. Leihrad 156 €

Walderlebniszentrum Grünwald

👪 ▸ S. 123, c 2

Nicht nur Kinder können an den zehn Stationen des 3 km langen Erlebnispfads im südlichen Vorort Grünwald »den Wald erleben, verstehen und seine Geheimnisse erkunden«. Auch Wildschweinfütterungen (tgl. ca. 16 Uhr) und geführte Touren mit dem Revierförster (nach Anmeldung) stehen auf dem Programm.

Grünwald, Grünwalder Forst • Bus: Grünwald Friedhof, 10 Min. Fußweg (ausgeschildert) • Tel. 6 49 20 99 • www.forst.bayern.de • Mo–Fr 8–16.30, Sa, So 11–16.30 Uhr • Eintritt frei

INFORMATIONEN

Vierteljährlich erscheint das Stadtmagazin »Natürlich München«, das sich mit Nachhaltigkeit, Ökologie und einem gesunden, bewussten Lebensstil befasst und dazu passende Informationen und Adressen für die Stadt und das Umland enthält.

www.natuerlichmuenchen.de

Einkaufen

Ein Einkaufsbummel in der bayerischen Hauptstadt macht Spaß, das Budget bestimmt die jeweilige Shoppingmeile – und wer auf typisch Münchnerisches hofft, muss nicht lange suchen.

◂ Ein Blickfang: die elegante Laden- und Kunstpassage Fünf Höfe (▸ S. 72).

Shopping-München hat unterschiedliche Gesichter, die aber erstaunlich gut miteinander harmonisieren: hier die gängige Konsumware, dort das Luxusangebot, das sich mit dem der Weltmetropolen durchaus messen kann; hier biederster Konservativismus im kleinen Familienbetrieb, den es Gott sei Dank immer noch gibt, dort der schrillste Zeitgeist von morgen; hier »Tiffany's«, direkt gegenüber die Weißwurstquelle »Zum Franziskaner«.

Einkaufsburgen und ein Märchenkönig

Münchens Einkaufs-Topografie ist denkbar einfach: Die Fußgängerzone zwischen Stachus und Marienplatz ist das Zentrum der großen Kaufhäuser und Billiganbieter – Kaufhof, C&A, H&M und Konsorten säumen die beliebte Kaufinger-/Neuhauser Straße. Hier findet sich jeder zurecht, der sonst vielleicht auf der Frankfurter Zeil oder in Hamburgs Mönckebergstraße unterwegs ist. Was die aber nicht haben: Zu den unmittelbaren Anliegern der Einkaufsburgen gehört auch ein »Märchenkönig«! Ein toter zwar, doch immerhin. Der legendäre Ludwig II., Erbauer von Neuschwanstein, Linderhof und Herrenchiemsee, Freund und Förderer von Richard Wagner, liegt in der Fürstengruft von St. Michael in der Neuhauser Straße begraben! Wer vom Konsumrausch noch nicht gänzlich benebelt ist, sollte ihm einen Besuch abstatten. Der Melancholiker und Weltschmerzler auf dem bayerischen Königsthron hat es verdient.

Elegante Passagen

Die Gegenwelt beginnt an der Nordseite des Marienplatzes und zieht sich durch Wein- und Dienerstraße nach Norden bis zur Feldherrnhalle: In der Maximilian-, Perusa-, Residenz-, Theatiner-, Briennerstraße und deren Nebenstraßen haben die großen internationalen Couturiers, Juweliere und Schuhpaläste ihre Geschäfte, münchnerisch durchwachsen mit Nobelschneidern wie Max Dietl, dem sportlichen Bogner, dem Pâtisserien-Café Rottenhöfer, der duftig-erotischen Franziska Krines sowie zahlreichen Galerien und Antiquitäten-Händlern. Eine spezielle Attraktion bilden die neuen Innenhofpassagen: die spröde Schäfflerpassage zwischen Wein- und Maffeistraße sowie die auch architektonisch attraktiven Fünf Höfe zwischen Theatiner-, Salvator- und Kardinal-Faulhaber-Straße. Wer weder »billig-billig-billig« noch teuer »à tout prix« einkaufen will, findet alles, was er sucht, und noch viel mehr in den hübschen, überwiegend kleinen Geschäften der Sendlinger- und Hackenstraße, rund um den Viktualienmarkt und den Gärtnerplatz sowie in den Schwabinger Boutiquen, die sich zwischen Leopold-, Hohenzollern- und Nordend-/Barerstraße angesiedelt haben. Hier wie dort richtet sich das Angebot von Möbeln, Klamotten, Schuhen vor allem an die jüngeren Generationen.

Der Schwerpunkt der folgenden Einkaufs-Empfehlungen liegt auf Geschäften, die man als »typisch münchnerisch« bezeichnen kann, weil sie mit ihrem Angebot, ihrem Charakter und ihrer Solidität die schönsten und erfreulichsten Seiten dieser Stadt repräsentieren.

Wer einen süßen Gaumen hat, wird in der Confiserie Dallmayr (▸ S. 41) bereits beim Anblick der hausgemachten und liebevoll verzierten Pralinen dahinschmelzen.

ANTIQUARIATE

Sie konzentrieren sich traditionsgemäß in Uni-Nähe, z. B. Schellingstraße (Hauser, Kitzinger, Köbelin), aber auch in der Türken-, Adalbert- und Barerstraße.

ANTIQUITÄTEN

Preisgünstige Angebote findet man in den kleinen Läden am Radlsteg, in der Westenriederstraße am Viktualienmarkt, wo auch noch einige der letzten Münchner »Tandler« sitzen, in der Hacken- und Sendlinger Straße (Altstadt). Die Ware ist hier freilich nur wenig billiger zu haben als bei den feinen Adressen.

BUCHHANDLUNGEN

Geo-Buchhandlung

▸ Klappe vorne, c 5

Sie dürfte die größte Auswahl an länderkundlichen Büchern, Reiseführern und Karten aller Art haben.

Altstadt • Rosental 6 (beim Viktualienmarkt) • U-/S-Bahn: Marienplatz

Lehmkuhl ▸ S. 142/143, C/D 7

Eine unverwechselbare Schwabinger Institution, zugleich Refugium und Treffpunkt des geistigen Schwabings, das es wider Erwarten immer noch gibt. Man hat in dieser Traditionsbuchhandlung nicht den Eindruck, dass Bücher zum Aussterben verurteilt sind, wenn sie nicht als Massenware produziert werden.

Schwabing • Leopoldstr. 4 • U-Bahn: Giselastraße

EINRICHTUNG

Böhmler im Tal ▸ Klappe vorne, d 4

Der 1875 gegründete Familienbetrieb bietet alles für den gehobenen Hausstand: Sitz-, Schlaf- und Küchenmöbel, Teppiche, Lampen …

Altstadt • Tal 11 • U-/S-Bahn: Marienplatz

Ingo Maurer

▸ S. 142, c 7

Der Münchner »Licht-Papst« hat seine ehemalige Produktionsstätte in Schwabing in einen 700 qm großen Showroom umgewandelt, in dem seine ungewöhnlichen Lampen-Schöpfungen wie »Bibi« oder »XXL Dome« optimal zur Geltung kommen. Wem hier kein Licht aufgeht …

Schwabing • Kaiserstr. 47 •
U-/S-Bahn: Münchner Freiheit

FÜR FEINSCHMECKER

Dallmayr

▸ Klappe vorne, d 4

In diesen heiligen Hallen wird jeder Kauf zum gastronomischen Ereignis. Über die Stadtgrenzen hinaus ist Münchens ältestes Feinkosthaus durch seinen Kaffee bekannt geworden. Heute pilgern Touristen mit Rucksack und Kinderwagen »zum Dallmayr«, fest entschlossen, nur ein wenig zu gucken, nicht zu kaufen – was den meisten allerdings nicht gelingt.

Altstadt • Dienerstr. 14/15 •
U-/S-Bahn: Marienplatz

Elly Seidl

▸ Klappe vorne, d 4

Einige Damen hinter der Ladentheke sehen so aus, wie man sich die Firmengründerin vorstellt. Doch die ist schon lange nicht mehr im Geschäft. Trotzdem: Ihr Name ist Legende. Und die Pralinen sind immer noch die besten in der ganzen Stadt.

Altstadt • Am Kosttor 2, Maffeistr. 1 •
U-/S-Bahn: Marienplatz

Feinkost-Käfer

▸ S. 147, F 13

Hier ist alles noch prunkvoller als bei der Konkurrenz. Aber es gibt genügend Münchner zwischen Bogenhausen und Grünwald, die es gerade so mögen. Und die Qualität war von Beginn an untadelig.

Bogenhausen • Prinzregentenstr. 73 •
U-Bahn: Prinzregentenplatz

Fisch-Witte

▸ Klappe vorne, d 5

»If it swims, we have it!« So artikuliert sich Internationalität auf dem Viktualienmarkt, in einem der besten Fischgeschäfte der Stadt. Da dieses noch dazu von Münchens feschester Fischhändlerin geführt wird, braucht man um den Erfolg nicht zu bangen.

Altstadt • Viktualienmarkt, nahe der Westenriederstraße • U-/S-Bahn: Marienplatz, S-Bahn: Isartorplatz

Garibaldi

▸ S. 142, B 8

Für Weine aus Italien sicher die beste Adresse in München. Wenn es um unbekannte und noch preisgünstige Creszenzen geht, hat Patron Spangenberg eine besondere Spürnase. In der Bar kann man die Probe aufs Exempel machen, dazu köstliche Kleinigkeiten aus dem Stiefelland verkosten. Und sich alles im dazugehörigen Laden einpacken lassen.

Maxvorstadt • Schellingstr. 60 •
U-Bahn: Universität • weitere Filialen unter www.garibaldi.de

Tölzer Kasladen

▸ Klappe vorne, d 5

So bescheiden er sich gibt – sein Renommee ist bundesweit. Beweis: Auch die Journalisten des Hamburger Magazins »Der Feinschmecker« kaufen hier ein.

Altstadt • Viktualienmarkt, nahe der Westenriederstraße • U-/S-Bahn: Marienplatz, S-Bahn auch Isartor

GESCHENKE

Antonetty

▸ S. 146, B 15

Hier gibt es die schönsten (und praktischsten) Geldbörsen Münchens.

Besonderes Kennzeichen: zweierlei Farben für innen und außen. Auch Gürtel, Taschen und Jacken sind zu haben, alles handgefertigt von Caroline Antonetty, einer wahren Meisterin in der Lederverarbeitung.
Isarvorstadt • Klenzestr. 56 • U-Bahn: Fraunhoferstraße

Ludwig Beck ▸ Klappe vorne, d 4

Eine Münchner Institution, die sich gegen die Übermacht der Großkonzerne hervorragend schlägt. Auf fünf Etagen gibt es vorwiegend – aber nicht nur – Mode und Textilien. Von feinen Dessous über Schmuck und Handtaschen bis zur erlesenen Papeterie reicht das breite Angebot, nicht zu vergessen die überwältigende CD-Auswahl (Klassik und Jazz) im 5. Stock.
Altstadt • Marienplatz 11 • U-/S-Bahn: Marienplatz

MERIAN-Tipp 4

RADSPIELER ▸ S. 146, B 14

Hier waltet der absolut beste Geschmack in einem ganz individuell zugeschnittenen Sortiment schöner Sachen, zum Beispiel liebevoll ausgewählte Stoffe und Einrichtungsstücke, sowie unendlich viel Nützliches und Verspieltes, immer aber Erlesenes aus Textil, Holz, Keramik, Leder, Papier oder aus was auch immer. Auch ausgewählte Möbelstücke, Gartenmöbel und vielseitige Mode sind inzwischen dazugekommen.
Altstadt • Hackenstr. 4 und 7 • U-/S-Bahn: Marienplatz • Tel. 2 35 09 80 • www.radspieler.com

Obacht' ▸ Klappe vorne, d 4

Wo der Souvenir-Kitsch seine Orgien feiert, rund ums Hofbräuhaus, sollten Sie diese kleine Oase kultivierter, origineller, witziger München-Mitbringsel entdecken. Obendrein gibt es hier die fröhlichsten T-Shirts von ganz München.
Altstadt • Ledererstr. 17 • U-/S-Bahn: Marienplatz

FÜR KINDER

Kunst und Spiel

▸ S. 142/143, C/D 7

Pädagogisch wertvolles Holzspielzeug – von der Rassel bis zum Leiterwagerl, dazu Naturtextilien, Bilderbücher und vieles andere, was Kinder- und Elternherzen höher schlagen lässt.
Schwabing • Leopoldstr. 48 • U-Bahn: Giselastraße

MÄRKTE

Elisabethmarkt ▸ S. 142, B 7

Im Herzen von Schwabing, klein, kuschelig, überschaubar, mit fast familiärer Atmosphäre. »Man kennt sich.« Es gibt alles, was essbar ist, und manches andere dazu.
Schwabing • Elisabethplatz • U-Bahn: Hohenzollernplatz

Markt am Wiener Platz

▸ S. 147, E 14

Mit Sicherheit der kleinste der Münchner Märkte; er riecht auch ein bisschen nach morschem Holz und Verfall und wird gerade deshalb von den Haidhauser Bürgern geliebt. Nebenan der populäre Hofbräukeller, gegenüber das vom schicken Jungvolk favorisierte Szene-Café am Wiener Platz.
Haidhausen • Wiener Platz • U-Bahn: Max-Weber-Platz

Viktualienmarkt 1

▶ Im Fokus, S. 44

MODE

Bogner-Haus ▸ Klappe vorne, d 3

In der Neuen Welt, und nicht nur dort, stehen die »Bogners« für Sport-Mode, made in Munich. Die klassisch-sportlichen Kreationen für Sie und Ihn breiten sich auf drei Etagen aus.

Altstadt • Residenzstr. 15 • U-/S-Bahn: Marienplatz

Lola Paltinger ▸ Klappe vorne, d 5

Die Adresse für »Society-Dirndl«, mit denen frau auch auf Filmpremieren, Modenschauen und anderen Glamour-Veranstaltungen richtig groß rauskommt. Originell, sexy und leider nicht ganz billig.

Altstadt • Tal 27 • U-/S-Bahn: Marienplatz

Franziska Krines Lingerie

▸ Klappe vorne, d 3

Alteingesessenes Wäschegeschäft mit trotzdem berückender Auswahl.

Altstadt • Residenzstr. 18 (Perusapassage) • U-/S-Bahn: Marienplatz

Loden-Frey ▸ Klappe vorne, c 3

Der weltweit größte Spezialist für Loden zeigt überzeugend, dass ein bodenständiges »G'wand« richtig schick sein kann. Das traditionsreiche Bekleidungshaus bietet noch viel mehr an, das meiste im sportlich-legeren Look, der repräsentativ für »Münchner Mode« geworden ist.

Altstadt • Maffeistr. 7 • U-/S-Bahn: Marienplatz

Roeckl-Eck ▸ Klappe vorne, d 3

Zugegeben, Handschuhe sind nicht das, woran Mann zuerst denkt, wenn er ein Mitbringsel sucht. Und sind hier auch keineswegs billig. Doch selbst Einkaufsmuffel verlassen den altmodischen Laden mit warmen Gefühlen, weil sie so freundlich bedient worden sind.

Altstadt • Theatinerstr. 44 • U-/S-Bahn: Marienplatz

Sporthaus Schuster

▸ Klappe vorne, c 4

Unter den zahlreichen Mitbewerbern Münchens traditionsreichster Sport-Ausrüster. Hier haben schon unsere Großväter ihre Rucksäcke und Skifelle eingekauft. Nach langwierigen Umbauten ist er jetzt größer und trotzdem übersichtlicher geworden, was sich auch positiv auf die Freundlichkeit des Personals ausgewirkt hat.

Altstadt • Rosenstr. 1-5 • U-/S-Bahn: Marienplatz

PFEIFEN

Pfeifen-Huber ▸ Klappe vorne, d 5

Nichtraucher laufen Gefahr, sofort mit dem (Pfeife-)Rauchen anzufangen, wenn sie den Laden betreten.

Altstadt • Tal 22 • U-/S-Bahn: Marienplatz

PORZELLAN

Porzellan-Manufaktur Nymphenburg ▸ S. 140, A 3

Was Meißen den Sachsen, ist Nymphenburg den Bayern. Und das seit rund 250 Jahren. Vom Konfektschälchen bis zum 12-teiligen Kaffeeservice gibt es hier alles für den gehobenen Hausstand. Der große, bunte Papagei im Laden ist aber erst für 15 000 € zu haben, als Spielzeug für Ihr Patenkind also weniger geeignet.

Altstadt • Odeonsplatz 1 • U-Bahn: Odeonsplatz

Im Fokus

Der Viktualienmarkt

1 In Frankreich hieße er »Bauch« der Stadt. Die Münchner nennen ihn das Herz ihrer Stadt. In jedem Fall ist ein Bummel über dieses Feinschmecker-Eldorado ein Erlebnis für alle Sinne.

Schon im Mittelalter standen die Buden der Metzger bei den Fundamenten der Peterskirche. Aber erst anno 1807 wurde durch ein königliches Dekret auf dem Gelände des ehemaligen Heiliggeistspitals ein »Kräutlmarkt« eingerichtet, der dann im Lauf der Jahrzehnte immer größer geworden ist, ohne sein spezielles Aroma einzubüßen. Auf dem Markt unterwegs, fällt uns schon mal der berühmte Platz Djamaa-el-Fna in Marrakesch ein. Der ist allerdings weit weg, in Afrika. Doch die vielen Touristen dort haben ihm seine Atmosphäre nicht nehmen können, ebenso wenig die japanischen Reisegruppen, die sich so gern vor dem Valentin-Denkmal aufstellen, um dann jeder jeden zu fotografieren. Aber das ist die reine Wahrheit: Immer noch sind es die Münchner, verstärkt durch die Lieferanten aus dem weiteren Umland, die den Ton angeben und bestimmen, was Sache ist.

Marktplatz mit Maibaum

Vom Marienplatz her kommend, haben wir es zunächst mit den Metzgerstandln zu tun, die sich ebenso wenig voneinander unterscheiden wie ihre Würstl, »Wammerl« und all das andere. Dann kommen schon der Biergarten und gleich dahinter der 29 m hohe Maibaum. Traditionsbewusste Einheimische kritisieren zwar, dass ein Maibaum ins Dorf gehöre und nicht in eine

◂ Ein Bummel über den farbenfrohen Viktualienmarkt (▸ S. 44) ist zu jeder Jahreszeit ein Erlebnis.

Großstadt. Andere aber erklären auswärtigen Besuchern stolz die schönen, bunten Figuren, die ihn schmücken. Gleich neben dem Maibaum steigen dann schon die köstlichsten Duftaromen und Farbsinfonien zum weißblauen Bayernhimmel auf. Der Gang über den Markt wird zu einer einzigartigen Attacke auf Augen und Nase!

Kein fauler Apfel, kein welkes Blatt

Doch auch die Ohren bekommen was zu hören. Die Marktfrauen sprechen eine kernige Sprache; man muss sie nicht unbedingt verstehen, um zu begreifen: Sie wissen, was sie – und ihre Ware – wert sind! In ihren Obstkisten verbirgt sich kein fauler Apfel und im Spinat kein welkes Blatt. Grüner Spargel leuchtet mit Kirschtomaten um die Wette, exotische Kumquats und Mangos liegen neben rotgoldenen Apfelpyramiden aus Südtirol, frische Pimpinelle duftet in Büsche aus grünem Basilikum hinein, Estragon wächst in Töpfen neben Bohnenkraut, Eierberge sind pittoresk hoch gestapelt, und im Spätherbst dürfen die kostbaren Trüffeln aus dem Piemont ebenso wenig fehlen wie die preisgünstigen Maronen aus dem Trentino. In hölzernen Kisten lagern Batterien französischer und italienischer Weine, gegenüber duftet es nachhaltig nach Käsesorten aus ganz Europa, im Sommer sitzen »Kräuterweiberl« vor Bergen von »Reherln« (Pfifferlingen) und Preiselbeeren. Saure Gurken aus dem Spreewald und Senffässchen aus Dijon werden angeboten, Renken vom Chiemsee und Forellen aus der Oberpfalz, auch Edelfische aller Art. »If it swims, we have it!« heißt es bei Fisch-Witte. Können Hummer und Austern eigentlich schwimmen? Egal. »They have it!«

Alles außer billig

Doch Vorsicht! Wer zu feilschen versucht, kann eine Abfuhr erleben, die sich gewaschen hat. Billig ist hier kaum etwas, allenfalls die »Pfennigmuggerl« (kleine Semmeln) um 20 Cent, die es in ganz München nur noch bei der Bäckerliesl gibt. Auch die Münchner Suppenküche ist als Niedrigpreis-Ausnahme zu erwähnen. Doch unvergessen bleibt, dass wir hier das beste »Saure Züngerl« unseres Lebens gegessen haben. Fast alles andere ist auf dem Viktualienmarkt nicht billiger als beim feinen Dallmayr oder beim noblen Käfer, bei denen man allerdings kein »Saures Züngerl« bekommt. Umsonst sind auf dem Viktualienmarkt nur Farben, Formen, Düfte und ein babylonisches Sprachengewirr, das beherrscht wird von den verschiedensten Dialekten, wie sie zwischen der Oberpfalz und dem Allgäu gesprochen werden. Unentgeltlich kann man aber auch die Gedenkbrunnen bewundern, die den Volkssängern Karl Valentin, Liesl Karlstadt, Weiß Ferdl, Elise Aulinger, Ida Schumacher und dem Roider Jackl von der Stadt München spendiert worden sind. Auch auf seine Umgebung scheint der Viktualienmarkt als Lebenselixier für die traditionsbewusste Wirtshauskultur zu wirken. Rings um den Markt finden sich Wirtschaften wie das Bratwurstherzl, der Sedlmaier, der Paulaner oder das Café Frischhut – Institutionen, die ihre Pforten schon zeitig öffnen und manchmal auch früh wieder schließen. Denn Marktleute sind Frühaufsteher.

Am Abend Jazzbars und Bierkneipen, Kabaretts und Partyareale, Opernhäuser, Discos und House Clubs – wer in München abends im Hotel bleibt, verpasst das halbe (Nacht-)Leben.

◂ Juwel des Münchner Kulturlebens: die Bayerische Staatsoper (▸ S. 47).

München ist bekannt dafür, dass sein süßes Leben nicht erst nach Einbruch der Dunkelheit beginnt. Gerade dem Münchner (und selbstredend der Münchnerin) ist es ja eine liebe Gewohnheit, die Geselligkeit bereits am Vormittag beim Weißbier oder einem Gläschen Champagner zu pflegen. Jedenfalls hält der Abend, was der Tag an Verheißungen schon angedeutet hat. Liebhaber der »hohen Kunst« wechseln von den Pinakotheken hinüber in die Staatstheater oder in die Philharmonie, Jetsetter erholen sich vom Einkaufsbummel in einem jener Lokale, die regelmäßig in den Klatschspalten der Boulevardblätter auftauchen, die bekennenden Mitglieder der Fun-Generation bereiten sich auf die letzte Stunde vor Mitternacht vor, die ihnen erlaubt, sich ganz beiläufig auf den angesagten Partys einzufinden. Und der »Bierdimpfl« bleibt einfach da sitzen, wo er sich irgendwann im Laufe des Tages niedergelassen hat. In vielen Bars, Nachtclubs und Diskotheken kann man das zuverlässig einsetzende Morgengrauen auch mit einem handfesten Frühstück bekämpfen.

OPER, THEATER, KONZERT

Bayerische Staatsoper (Nationaltheater)

▸ Klappe vorne, d 3

Das Haus am Max-Joseph-Platz mit seiner prachtvollen Säulenfassade und dem prunkvollen Entree ist ein Musentempel ganz nach dem Geschmack der ersten bayerischen Könige. Anno 1818 ist es durch Max-Joseph eingeweiht worden. Das Institut gilt als eines der besten Opernhäuser der Welt, ein Ruf, der durch den Intendanten Nikolaus Bachler und den Dirigenten Kent Nagano noch gefestigt worden ist. Im Sommer ist den Münchner Opernfestspielen (▸ S. 58) ein sicherer Platz im Terminkalender der Festival-Society zwischen Salzburg und Bayreuth reserviert.

Altstadt • Max-Joseph-Platz 2 • U-/S-Bahn: Marienplatz, U-Bahn auch Odeonsplatz • Kartenbestellung: Tel. 21 85 19 20

Bayerisches Staatsschauspiel (Residenztheater)

▸ Klappe vorne, d 3

Ungeachtet seiner von Residenz und Staatsoper beiderseits bedrängten Fassade ist das Residenztheater – viele Münchner sprechen nur vom »Resi« – eines der bedeutendsten Sprechtheater im deutschsprachigen Raum; mit dem, dank seinem Intendanten Dieter Dorn, wahrscheinlich meistgeliebten Bühnen-Ensemble Deutschlands. Sibylle Canonica, Cornelia Froboess, Juliane Köhler, Sophie von Kessel, Sunnyi Melles, Thomas Holtzmann, Rolf Boysen, Jens Harzer, Manfred Zapatka, Lambert Hamel gehören unbestritten zur Spitzenliga der deutschen Schauspielkunst.

Dem Bayerischen Staatsschauspiel sind auch das Theater im Marstall (Marstallplatz) und das Theater im Haus der Kunst (Prinzregentenstr. 1) angeschlossen. Beide Bühnen sind experimentellen Inszenierungen, Lesungen und besonderen Veranstaltungen vorbehalten. Kartenbestellung wie Residenztheater.

Altstadt • Bayerisches Staatsschauspiel, Max-Joseph-Platz 1 • U-/S-

Bahn: Marienplatz, U-Bahn auch Odeonsplatz, Tram: Nationaltheater • Kartenbestellung: Tel. 21 85 19 40

Deutsches Theater

▶ S. 143, nördl. F 5

Seit über hundert Jahren treten hier Showgrößen und Weltstars der musikalischen Bühnenunterhaltung auf. 1896 erbaut, während des Zweiten Weltkriegs von Bomben zerstört, schien den Münchnern sein Wiederaufbau vordringlich: Schon 1951 öffnete sich sein Vorhang wieder. Publikumslieblinge dieser Zeit waren Johannes Heesters, Marika Rökk und Zarah Leander.

Münchens größter Konzertsaal: die Philharmonie im Gasteig (▶ S. 49).

Inzwischen ist es die Bühne für fast alle international erfolgreichen Musicals, von der »West Side Story« über »Cats« bis zu (jawoll!) »Mozart«, sowie mit seinen rauschenden Ballnächten eine Faschings-Hochburg. Momentan wird das Haus gründlich saniert. Der Betrieb wurde deshalb – bis voraussichtlich 2011 – auf eine Ersatzbühne im Vorort Fröttmaning verlegt.

Fröttmaning • Werner-Heisenberg-Allee 11 • U-Bahn: Fröttmaning • Tel. 55 23 44 44

Herkulessaal 7 ▶ Klappe vorne, d 3

Auf der Hofgartenseite der Residenz gelegen, profitiert dieser Konzertsaal von einer exzellenten Akustik sowie in zweiter Linie von den Wandteppichen mit Darstellungen der Taten des Herkules.

Mit wenigen Ausnahmen ist hier das musikalische Programm klassisch, so in den Abonnements-Konzerten des Symphonieorchesters des Bayerischen Rundfunks, dem dritten »Klangkörper« in der Trias der Münchner Spitzenorchester.

Altstadt • Residenzstr. 1, Am Hofgarten • U-Bahn: Odeonsplatz • Info-Tel. 29 06 71 • Kartenbestellung über München Ticket: Tel. 54 81 81 81 • www.muenchenticket. de

Münchner Kammerspiele – Schauspielhaus

▶ Klappe vorne, e 4

Intendant Frank Baumbauer versteht sich auf lebendiges und provozierendes Theater, mit dem er auch ein jüngeres Publikum gewinnen will. Gepflegte Langeweile erscheint ihm als Todsünde. Wem die nicht selten schockierenden Vorgänge auf der Bühne gar nicht gefallen sollten, kann sich an den architektonischen Finessen des schönen Jugendstilhauses erfreuen.

Zu den Münchner Kammerspielen gehören auch die Experimentier-

und Probebühnen Neues Haus, Falkenbergstr. 1, und Werkraum, Hildegardstr. 11; Kartenbestellung wie Schauspielhaus.
Altstadt • Maximilianstr. 26-28 • U-/S-Bahn: Marienplatz • Kartenbestellung: Tel. 2 33-9 66 00

Münchner Volkstheater

▸ Klappe vorne, a 1

Kein Komödienstadel! Anspruchsvolle Bühne mit Bodenhaftung, aber auf ansehnlichem Niveau. Dafür garantiert Intendant Christian Stückl, der sich mit seinen erfolgreichen Inszenierungen der Oberammergauer Passionsspiele einen Namen gemacht hat. Nach dem Theater kehrt man im dazu gehörenden Restaurant Volksgarten ein, das auch einen kleinen Innenhof-Biergarten hat.
Maxvorstadt • Brienner Str. 50 • U-Bahn: Stiglmaierplatz • Kartenbestellung: Tel. 5 23 46 55

Philharmonie im Gasteig

▸ S. 147, D 15

Der große Konzertsaal im Kulturzentrum Gasteig bietet bis zu 2400 Musikfreunden Platz, wenn auch nicht überall optimale Akustik. Er ist sozusagen die Heimatadresse der Münchner Philharmoniker, die zu den besten Orchestern Europas zählen. Doch auch weltberühmte Dirigenten und Solisten treten hier als Gäste auf. Der Kleine Konzertsaal des Gasteig sowie der Carl-Orff-Saal dienen in erster Linie der Aufführung von Kammer- und Solistenkonzerten.
Haidhausen • Rosenheimer Str. 4 • S-Bahn: Rosenheimer Platz • Info-Zentrale Gasteig: Tel. 48 09 80 • Kartenbestellung über München Ticket: Tel. 54 81 81 81

Prinzregententheater

▸ S. 147, F 14

Das neoklassizistische Theater am Prinzregentenplatz wurde um 1900 nach dem Vorbild des Bayreuther Wagner-Festspielhauses errichtet. Seine gelungene Sanierung ist, neben spendenfreudigen Münchnern, in erster Linie dem damaligen Staatsintendanten August Everding zu verdanken, der alle Welt mobilisiert hat, um das baufällige Haus zu retten. Nun ist die Bühne gemeinsame Spielstätte der Bayerischen Staatstheater und seit 1993 Sitz der Bayerischen Theaterakademie August Everding. Hier werden neun Theaterberufe ausgebildet. Dazu gehört auch das Akademietheater im rückwärtigen Teil, das 300 Zuschauern Platz bietet.
Bogenhausen • Prinzregentenplatz 12 • U-Bahn: Prinzregentenplatz • Kartenbestellung: Tel. 21 85 28 99

Staatstheater am Gärtnerplatz

▸ Klappe vorne, c 6

Bayern ist das einzige Land, das sich ein staatliches Operettentheater leistet. Das schmucke Haus im neoklassizistischen Stil steht am neu gestalteten Gärtnerplatz (▸ S. 108), hat Platz für 900 Personen und dient nicht nur der Leichten Muse. Auch Opern, klassisches und modernes Ballett sowie hochrangige Jazzkonzerte stehen auf dem Programm.
Isarvorstadt • Gärtnerplatz 3 • U-Bahn: Fraunhoferstraße • Kartenbestellung: Tel. 21 85 19 60

BOULEVARD-THEATER, KABARETT, KLEINKUNST

Blutenburg-Theater ▸ S. 141, E 4

Die Blutenburg im Westen Münchens hieß ursprünglich Blütenburg

MERIAN-Tipp 5

WIRTSHAUS IM SCHLACHTHOF

▸ S. 145, F 12

Wirtshaus-Bühne-Biergarten-Tanzboden, und das frisch renoviert: originales Vorstadtmünchen auf und vor der Bühne. Dem leicht blutverschmierten Charme des Standortes können die Jahre nichts anhaben. Er erträgt Zithermusik ebenso wie karibische Rhythmen, Blues & Balladen, aber auch Poesie, Satire, Kabarett. Ottfried Fischer, »Der Bulle von Tölz«, hat hier Heimvorteil, und Feuilletonist Axel Hacke liest im Beisein seines Kühlschranks! Montagabend tanzen die jung gebliebenen »Oldies« bei der Ü30-Party »Älternabend« zu flotter Discomusik bis in den frühen Morgen.

Isarvorstadt • Zenettistr. 9 • U-Bahn: Poccistraße • Tel. 72 01 82 64 • Mo–Sa ab 17, So ab 18 Uhr • Programm unter www. schlachthof.de

und hat mit unserem Lebenssaft nichts zu tun. Umso mehr dieses Theaterchen, das sich auf grausige Krimis unter anderem von Edgar Wallace und Agatha Christie spezialisiert hat.

Neuhausen • Blutenburgstr. 35 • U-Bahn: Maillingerstraße • Tel. 1 23 43 00

Iberl-Bühne

▸ S. 145, südl. D 12

Bei den Münchnern sehr beliebtes Volkstheater (mit Wirtschaft), das auf hintersinnige Stücke und korrekte bayerische Mundart setzt, statt die üblichen Klischees zu bedienen.

Solln • Wilhelm-Leibl-Str. 22 • S-Bahn: Pullach/Großhesselohe • Tel. 79 42 14 • www.iberlbuehne.de

Komödie im Bayerischen Hof

▸ Klappe vorne, c 3

Unter dem Dach des noblen Stadthotels (▸ S. 13), dessen Gäste für jegliches Amusement zu haben sind, zumal wenn sie es mit dem Lift bequem erreichen können, braucht sich das plüschige Theater keine Sorgen um sein Publikum zu machen. Gespielt wird, was der Boulevard hergibt, mit Stars, die jeder kennt: Joachim Fuchsberger, Heiner Lauterbach, Michaela May …

Altstadt • Promenadeplatz 6 • U-/S-Bahn: Karlsplatz, Tram: Promenadeplatz • Tel. 29 16 05 30

Lustspielhaus

▸ S. 143, D 7

Bunte Mischung aus Nonsens, Brettl und Musik. Richard Rogler zelebriert hier seine Solo-Auftritte, Herbert Feuerstein und Axel Hacke lesen, und Django Asül darf auch nicht fehlen! Schwabing, wie es singt und lacht. Mit warmer Küche.

Schwabing • Occamstr. 8 • U-Bahn: Münchner Freiheit • Tel. 34 49 74

Metropol Theater

▸ S. 143, nördl. E/F 5

Originelle Bühne in einem ausrangierten 1950er-Jahre-Kino, mit abwechslungsreichem, oft provokativem Programm. So »Die Bibel in zwei Stunden« oder eine Oper von Monteverdi! Die Reise in den Münchner Norden lohnt sich immer. Das fand auch die Prominenten-Jury, die das Theater mit dem Bayerischen Theaterpreis geehrt hat.

Freimann • Floriansmühlstr. 5 • U-Bahn: Freimann • Tel. 32 19 55 33

Münchner Lach- und Schießgesellschaft

▸ S. 143, D 7

Eine große Tradition, ein großer Name! Dieter Hildebrandt, Ursula Noack, Klaus Havenstein, später Gerhard Polt, Bruno Jonas und andere Kabarett-Größen haben in dieser schwer zu findenden, unscheinbaren Kneipe ihre Karriere begonnen. Doch die »Lach- und Schieß« lebt nicht nur von der Nostalgie. Arrivierte Kabarettisten wie Maria Peschek, Helmut Ruge und Gabi Lodermeier geben Gastspiele auf der kleinen Bühne hinter der Münchner Freiheit, auch der unverwüstliche Gründer-Barde Hildebrandt kann es nicht lassen und gibt sich gelegentlich die Ehre. Heute treten junge Kabarett-Ensembles auf und versuchen, den zeitgemäßen Ton intellektueller Unterhaltung zu treffen, oft mit durchschlagendem Erfolg.

Schwabing • Ursulastr. 9 • U-Bahn: Münchner Freiheit • Tel. 39 19 97

TamS – Theater am Sozialamt

▸ S. 143, D 7

Der Name weist nicht gerade auf Traumkulissen hin. Auch der gusseiserne Dampfkessel im Foyer ist ein nüchternes Relikt aus der Zeit, da das Gebäude als öffentliche Badeanstalt genutzt wurde. Mit respektlosen und witzigen Inszenierungen – die »Valentinaden« haben den ungeteilten Beifall der Theaterzunft gefunden – hat das winzige Theater unter seiner engagierten Chefin Anette Spola auch schon Stücke von Thomas Bernhard und Robert Gernhardt auf die Bühne gehoben. Die »Sonntagskneipe« des Theaters, »testbar« genannt, bietet angehenden Künstlern ein Podium für ihre frühen Bemühungen.

Schwabing • Haimhauser Str. 13 a • U-Bahn: Münchner Freiheit • Tel. 34 58 90

TEAM-Theater Tankstelle

▸ Klappe vorne, c 5

Hier werden eigenwillige Inszenierungen der modernen Theater-Literatur geboten. Über die Umfunktionierung einstiger Sozialeinrichtungen und Werkstätten in kulturelle Institute könnte man ins Grübeln kommen ... Zwei Straßennummern weiter werden im TEAM-Theater Comedy unterhaltsame Salonstücke mit geringerem »Tiefgang« aufgeführt.

Altstadt • Am Einlaß 2 a • U-/S-Bahn: Marienplatz, S-Bahn auch Isartor • Tel. 2 60 43 33

Theater im Fraunhofer

▸ Essen und Trinken, S. 24

BARS, CLUBS, LIVEMUSIK

Atomic Café

▸ Klappe vorne, d 4

Gegensätze ziehen sich an: Gleich neben dem Hofbräuhaus findet sich eine der schönsten Locations der Stadt! Stilsicheres Sixties-Design-Ambiente stellt sich als Kontrastprogramm zur Großraum-Hallenkultur dar. Liveclub, Diskothek und Cocktailbar. Livekonzerte zwei- bis dreimal in der Woche.

Altstadt • Neuturmstr. 5 • U-/S-Bahn: Marienplatz • Tel. 2 28 30 52

Edmoses

▸ Klappe vorne, e 2

Die richtige Aufwärmadresse für eine lange Nacht im P1 auf der anderen Straßenseite. Schicke Glas-Plastik-Architektur, gute Drinks und im Sommer eine Terrasse mit Sitzlandschaft, auf der die coolen Hipster lümmeln, pardon: chillen.

Lehel • Prinzregentenstr. 2 • U-Bahn: Lehel, Tram: Haus der Kunst • Tel. 01 77/2 54 74 76 • Do–Sa 20–3 Uhr

Erste Liga ▸ Klappe vorne, b 6

Hier tanzt Szene mit Underground, und der Name ist Programm. Mit seinem knallgrünen Ambiente, der 1970er-Jahre-Tanzfläche mit Blinklichtern und den innovativsten DJs in Sachen Electro, Tech-House und Hip-Hop spielt der Laden ganz vorne mit.

Isarvorstadt • Thalkirchner Str. 2 • U-Bahn: Sendlinger Tor • Tel. 23 68 79 20 • tgl. 21–4 Uhr

MERIAN-Tipp 6

MUFFATWERK/AMPERE

▸ Klappe vorne, f 5

Konkurrenzlos schon die Lage des ehemaligen, im Jugendstil erbauten Kraftwerks: an der Isar, mitten in der Stadt zwischen Deutschem Museum und Gasteig und doch irgendwie verblüffend im Grünen! Einerseits ein Kulturzentrum, in dem nicht nur angesagteste Konzerte stattfinden, sondern auch Rockopern, Performances, Theater- und Tanzaufführungen, Lesungen, Großleinwandkino, allerlei Experimentelles. Der direkt angrenzende Club Ampere vereint modernes Design und historische Industriearchitektur und bietet genügend Platz für Konzerte, Lesungen und Partys. Das Café, in dem man nostalgisch abfeiern kann, ist Gottseidank geblieben. Und, kaum zu glauben: ein romantischer Biergarten!

Haidhausen • Zellstr. 4, neben dem Müller'schen Volksbad • S-Bahn: Isartor oder Rosenheimer Platz, Tram: Deutsches Museum • Tel. 45 87 50 10 • www.muffathalle.de

falk's Bar und Night Club im Bayerischen Hof

▸ Klappe vorne, c 3

Die Cocktailbar ist große Klasse, ungelogen! Und die Tanzbar im Keller ist genau so, wie man sich eine mondäne Kulisse für Kino- und Fernsehfilme vorstellt: Dazu gibt's Jazz vom Feinsten, Preise desgleichen! Eine Platzreservierung ist allerdings hier unerlässlich!

Altstadt • Promenadeplatz 2–6 (Hoteleingang) • U-/S-Bahn: Marienplatz • Tel. 2 12 09 56 • tgl. 11–2 Uhr

Jazzbar Vogler ▸ Klappe vorne, d 5

»Ein entspanntes, kulturelles Wohnzimmer« habe er einrichten wollen, sagt Thomas Vogler, und das ist ihm gelungen. In seinem gemütlichen Lokal erklingen Jazz, Soul und Latin-Klänge; Big-Bands treten ebenso auf wie James Brown's Ex-Saxofonist Pee Wee Ellis. Was auf den Programmzettel kommt, entscheidet der Chef aus dem Bauch heraus – gut ist es immer! Was auch auf Essen, Trinken und die gelegentlichen Lesungen zutrifft. Auch schön: Viele Konzerte sind umsonst.

Isarvorstadt • Rumfordstr. 17 • S-Bahn: Isartor • Tel. 29 46 62 • www.jazzbar-vogler.com • Mo–Sa ab 18 Uhr

Jazzclub Unterfahrt ▸ S. 147, E 14

Täglich wechselnde Livekonzerte. Musikalische Qualität kann garantiert werden, die Stimmung ebenfalls. Münchner und internationale

Das Edmoses (▸ S. 51) hat alles, was ein »In«-Nachtclub braucht: exzellente Lage, traumhafte Glasarchitektur, coole Musik, tolle Drinks und ein trendiges Publikum.

Künstler finden allsonntäglich zur legendären Jam Session zusammen.
Haidhausen • Einsteinstr. 42 • U-Bahn: Max-Weber-Platz • Tel. 4 48 27 94

Die Kultfabrik ▸ S. 147, F 15

Mit über 30 Clubs, Kneipen und Bars, Erlebnis- und Kletterhalle, Bühnen für Theateraufführungen, dem Konzertsaal »Ton-Halle« mit einer Kapazität von bis zu 2000 Personen und anderen Attraktionen zählt die Kultfabrik zu Europas größten Freizeit-Arealen.
Haidhausen • Grafinger Str. 6 • U-/S-Bahn: Ostbahnhof • www.kultfabrik.de

Maria Passagne ▸ S. 147, E 15

So sehr Geheimtipp, dass man schon genau hinsehen muss, um die Eingangstür zu finden. Drinnen wartet ein skurriler, herzerwärmender Mix aus 1950er-Jahre-Design, japanischen Sushi und außergewöhnlichen Drinks, etwa auf Meskal- oder Absinthbasis. Die schräg-romantische Atmosphäre ist perfekt für ein erstes Rendezvous.
Haidhausen • Steinstr. 42 • S-Bahn: Rosenheimer Platz • Tel. 48 61 67 • Mo–Sa ab 19 Uhr

Milchbar ▸ Klappe vorne, a 4

Der Name trügt: Statt pappigen Shakes und Eisbechern werden in diesem cool designten Club im neuen Ausgeh-Dorado Sonnenstraße Disco House, 80er-Sound und Ösi Rock serviert. Mainstream, aber schön! Am Wochenende beliebt bei Besuchern aus dem Umland, mittwochs bei den Münchner Studenten.
Altstadt • Sonnenstr. 12 • U-/S-Bahn: Karlsplatz • Tel. 45 02 88 18 • www.milchundbar.de • Mo–Sa ab 22 Uhr

Morizz

▸ S. 146, B 15

Hier gibt sich München weltstädtisch: Schwule (die Mehrheit) und Heteros üben wechselseitige Toleranz; dazu über 100 Cocktails!

Isarvorstadt • Klenzestr. 43 • U-Bahn: Fraunhoferstraße • Tel. 2 01 67 76 • So–Do 19–2, Sa–Fr 19–3 Uhr

Nage und Sauge

▸ Klappe vorne, e/f 5

Eine sympathische Kneipe, richtig geschaffen für das gemischte Lehel-Publikum: Kreative, Auf- und Seiteneinsteiger, Studenten. Bekannt für seine köstlichen »Focacce«. Wenn das Wetter es erlaubt, werden Bierbänke vors Haus gestellt.

Lehel • Mariannenstr. 2 • S-Bahn: Isartor • Tel. 29 88 03 • tgl. 17.15–1 Uhr

Optimolwerke

▸ S. 147, F 15

Im Wettstreit um Münchens beliebtestes Party-Areal mit 13 Clubs, darunter der House-Hochburg »Harry Klein« in der Spitzengruppe! Die musikalische Bandbreite reicht von Black und Latin bis Rock und Oldies.

Haidhausen • Friedenstr. 10 • U-/S-Bahn: Ostbahnhof • Tel. 4 50 69 20

P1 und P1-Bar

▸ Klappe vorne, e 2

Wen es nicht nervt, dass sich hier neben Boris Becker und Giulia Siegel auch schon mal das FC-Bayern-Team breitmacht, kann in dieser traditionsreichen Edel-Disco reichlich Promis für sein Album sammeln. Vorausgesetzt, die Türsteher lassen ihn hinein! In die Bar (Drinks, Musik und Snacks) mit ihrer spektakulär hohen Decke, darf dagegen jeder.

Lehel • Prinzregentenstr. 1 (im Haus der Kunst) • U-Bahn: Lehel, Tram: Haus der Kunst • Tel. 2 11 11 40 • tgl. 22–4 Uhr • Bar Di–So 18–1 Uhr.

Pacha

▸ Klappe vorne, b/c 3

Der Club am Maximiliansplatz (das Original steht bekanntlich auf Ibiza) konkurriert mit dem P 1 um die Pole-Position unter Münchens Nachtclubs und die schönsten Mädels. Als Experte weist sich aus, wer Türsteher und Champagnerpreise hier wie dort lässig vergleichen kann. Unter einer Magnum-Flasche fängt man allerdings im Pacha kaum an. Die DJs sind internationale Spitzenklasse. Im Übrigen gilt die Devise: »In« ist, wer drin ist!

Altstadt • Maximiliansplatz 5 • U-/S-Bahn: Marienplatz • Tel. 3 09 05 08 50 • www.pacha-muenchen.de

Schumann's

▸ Klappe vorne, d 2

Fast ein tragischer Irrtum zu meinen, weil man einen Platz (zugewiesen) bekommen hat und höflich bedient wird, gehöre man dazu. Klassenunterschiede werden diskret, aber unerbittlich eingehalten. Ansonsten: eine lange Liste exzellent gemixter Cocktails, perfekt gezapftes Pils und eine gute Weinauswahl. Fazit: kein Qualitätsabfall an der neuen Adresse! Nur an der so geschätzten Heimeligkeit fehlt's noch ein wenig.

Altstadt • Odeonsplatz 6-7 • U-Bahn: Odeonsplatz • Tel. 22 90 60 • Mo–Fr 17–3, Sa, So 18–3 Uhr

Substanz

▸ S. 145, F 11

Origineller Alternativ-Club im Schlachthofviertel mit Events unterschiedlicher Art. Große Fußballspiele werden zum Gemeinschaftserlebnis, und einmal im Monat findet ein »Poetry Slam« statt.

Sendling • Ruppertstr. 28 • U-Bahn: Poccistraße • Tel. 7 21 27 49 • So–Do 20–2, Fr, Sa 20–3 Uhr

Feste und Events Münchner feiern gern, oft und fast alles: Fasching, Auer Dult, Filmfest und Oktoberfest. Selbst die Fastenzeit ist Anlass zu froher Geselligkeit – im Starkbierzelt.

◂ Blasinstrumente dürfen beim Trachtenzug der Oktoberfest-Eröffnung (▸ S. 59) nicht fehlen.

JANUAR/FEBRUAR

Fasching

Die »narrische Saison« beginnt in München mit dem 7. Januar und endet in der Nacht auf den Aschermittwoch. In diesen Wochen quillt das Veranstaltungsprogramm über von Faschingsbällen aller Art – exklusiven und volkstümlichen, bürgerlich betulichen und erotisch gepfefferten. Seiner Tradition nach findet der Münchner Fasching im Saal statt, nicht auf der Straße wie etwa der rheinische Karneval. Nur während der drei letzten Faschingstage – von Sonntag bis Dienstag – tummelt sich das närrische Volk auch im Freien, vor allem in der Fußgängerzone, am Marienplatz und auf dem Viktualienmarkt, wo am Faschingsdienstag vormittags die Marktweiber tanzen.

MÄRZ

Internationale Handwerksmesse

Messe des Handwerks und für das Handwerk, die von den Münchner Bürgern gern als Bummeltermin wahrgenommen wird.

Anfang März • auf dem Messegelände München-Riem • www.ihm.de

Starkbierzeit

Die Tradition geht auf anno 1651 zurück. Als die Paulanermönche während der Fastenzeit ihre Kräfte schwinden sahen, gestattete ihnen Kurfürst Ferdinand Maria schließlich, ein besonders nahrhaftes »flüssiges Brot« zu brauen: ein braunes, dickflüssiges Bier von 18 % Stammwürze und 6 % Alkoholgehalt. Sie nannten es Salvator, nämlich Erlöserbier, und fingen bald an, es auch zu verkaufen. Der Tempel, in dem heute dem Salvator gehuldigt wird, ist der Bierkeller der Paulaner-Brauerei, der Nockherberg. Zur Eröffnungszeremonie der Starkbiersaison, der Salvator-Probe, trifft sich dort die Politprominenz. Aber auch in den anderen Biertempeln Münchens werden spezielle Starkbiere ausgeschenkt.

Mitte/Ende März • www.nockherberg.com

JUNI

Filmfest München

Seit über 20 Jahren gibt es diese Show in München, nach der Berlinale das größte Filmfestival in Deutschland, mit einem gewaltigen Aufgebot an internationalen Medienleuten. Entsprechend ist der Glamour-Wirbel, durchaus zum Vergnügen der Schaulustigen, die hinreichend Gelegenheit haben, die neuesten deutschen und europäischen Produktionen kennenzulernen. Spielstätten sind neben dem Kulturzentrum Gasteig das Maxx am Isartor, das Forum-Kino im Deutschen Museum und das Filmmuseum am Jakobsplatz.

Mitte Juni • Gasteig • www.filmfest-muenchen.de

Stadtgeburtstag

Alljährlich im Juni wird das Stadtgründungsfest gefeiert, das auf das Jahr 1158 zurückgeht. Zwischen Marien- und Odeonsplatz wird vielfältiges historisches Treiben in allerlei bunten Kostümen inszeniert, es wird geschauspielert, getanzt, alte und neueste Musik gemacht, überall ist was los. Schmausen und Zechen, teilweise an mittelalterlichen Tafeln,

nicht zu vergessen, denn ohne kräftige Kalorienzufuhr ist ein Münchner Fest nicht denkbar. Spezielles Familienprogramm in der Residenz!
Mitte Juni • www.ganz-muenchen.de

JUNI/JULI

Tollwood Sommer-Festival

In den drei Tollwood-Wochen des beliebten Sommer-Festivals verwandelt sich das Gelände im Olympiapark-Süd in eine große Spielwiese für Performer, Theatergruppen, Kabarettisten, Artisten und Schmuckdesigner. Alljährlich werden Musiker und Bands von Weltrang für die Musikarena gewonnen, und auf der Theater-Insel gehen außergewöhnliche Produktionen über die Bühne. Doch so interessant und aufregend die einzelnen Programme auch sein mögen, am faszinierendsten stellt sich das multikulturelle Festival dar, wenn man »einfach so« durch die Szene bummelt und es dem Zufall überlässt, von wem man sich bezaubern, begeistern oder berauschen lassen will. Der Erfolg des populären Groß-Events spricht dafür, dass es von Beginn an den Nerv der Zeit getroffen hat.
Olympiapark • Ackermannstraße • Tel. 3 83 85 00, Info- und Ticket-Hotline: 0700/38 38 50 24 • www.tollwood.de

JUNI/SEPTEMBER

Sommerliche Open-Air- und Schlosskonzerte

Neben den mehr oder weniger traditionellen Konzertreihen im Brunnenhof der Residenz, in den Schlössern Blutenburg und Nymphenburg (Hubertussaal) haben die Open-Air-Veranstaltungen auf dem Marienplatz, Odeonsplatz und Königsplatz mit ihren meist populären Programmen (Opern, Pop) schnell großen Zulauf gewonnen. Einen Überblick über die Fülle der sommerlichen Veranstaltungen gewinnt man am ehesten in den Münchner Tageszeitungen oder im »Offiziellen Monatsprogramm«, herausgegeben vom Fremdenverkehrsamt der Stadt München.

JULI

Auer Dult

Die Jakobidult, die älteste der drei traditionellen Auer Dulten (Jahrmärkte), findet in der letzten Juliwoche auf dem Mariahilfplatz in der Au statt. Tand und Trödel gibt es hier die Menge, für Geschirr- und Kuriositätensammler ist die Dult eine Fundgrube. Kinder vergnügen sich auf dem Karussell, beim Ponyreiten oder Kettenfliegen. Zuckerwatte, gebrannte Mandeln und Bratwürste für alle! Die beiden anderen Dulten – mit gleichem Programm – sind Anfang Mai (Maidult) und Mitte Okt. (Kirchweihdult).
Letzte Juliwoche • Au • Mariahilfplatz • www.auerdult.de • tgl. 9–20 Uhr, Di Kindertag

JULI/AUGUST

Opernfestspiele

Sie gehören zum festen Bestandteil des gesellschaftlichen Lebens in München und profitieren davon, dass nahezu gleichzeitig auch die Bayreuther und die Salzburger Festspiele über die Bühne gehen. In München werden speziell die Werke von Mozart und Richard Strauss interpretiert, von berühmten Dirigenten, Orchestern und Solisten aus aller Welt. So teuer die Eintrittskarten auch sind, so schwer ist es, welche zu bekommen!

Kartenvorverkauf und Info:
Marstallplatz 5 • Tel. 21 85 19 20 •
www.muenchner-opern-festspiele.de

SEPTEMBER/OKTOBER

Oktoberfest

Das größte Volksfest der Welt beginnt an einem Samstag um den 20. September und endet an dem 16 Tage später folgenden Sonntag. Ins Leben gerufen worden ist es anlässlich der Vermählung des späteren Königs Ludwig I. von Bayern mit der Prinzessin Therese von Sachsen-Hildburghausen im Jahr 1810. 24-mal musste das Oktoberfest seitdem ausfallen, so in Kriegs- und Nachkriegsjahren und wegen der Cholera-Epidemien in den Jahren 1854 und 1873. Erster Wies'n-Höhepunkt ist die Eröffnung am Samstagvormittag, wenn die Bierwagen der Festwirte und Brauereien mit prächtig geschmückten Pferdegespannen und schmetternder Blasmusik von der Innenstadt auf die Festwiese rollen, wo mit dem Schlag zwölf der Oberbürgermeister das erste Fass Bier anzapft; denn dann heißt es »O'zapft is'!« – und endlich bekommen die Massen etwas zu trinken …
Wie kein anderes Ereignis nimmt das Oktoberfest alle Sinne des Menschen in Anspruch – am intensivsten abends in den prächtig geschmückten Bierzelten, wo gegessen und getrunken, gesungen und geschunkelt, getrampelt und gerempelt, gebusselt und gezwickt wird.
Zwischen sechs und sieben Millionen Besucher bummeln jährlich über die »Wies'n«, trinken um die sechs Millionen Maß (Liter) Bier und verzehren rund sechs Dutzend am Spieß gebratene Ochsen sowie Berge von Brathendln, Enten, Schweinswürstln, Steckerlfischen und Fischsemmeln.
Ende Sept./Anfang Okt. • www.oktoberfest.de

Klein und kuschelig: der Christkindlmarkt am Chinesischen Turm (▸ S. 59).

DEZEMBER

Christkindlmärkte

Während der Adventszeit hat fast jedes Stadtviertel seinen Weihnachtsmarkt. Traditionell geht es auf dem Marienplatz zu, mittelalterlich am Wittelsbacher Platz, Kunsthandwerk hingegen kauft man am besten an der Münchner Freiheit. Am stimmungsvollsten ist der kleine Christkindlmarkt im Englischen Garten am Chinesischen Turm. Alternatives mit vielen Veranstaltungen bietet der große Tollwood-Weihnachtsmarkt (▸ grüner reisen, S. 36) auf der Theresienwiese.
Ab 1. Advent • www.muenchen.de

Familientipps In den Bavaria Filmstudios, im Zirkus, Tierpark oder im Planetarium erleben Kinder kurzweilige Stunden. Auch die Museen sind spannend und kindgerecht aufbereitet.

◂ Im Deutschen Museum (▸ S. 96) dürfen Kinder auch aktiv werden.

Bavaria Film-Tour

▸ S. 146, südl. C 16

Die Rundfahrt mit dem »Film-Express« durch die Studios der Bavaria Filmproduktion ist ein guter und sicherer Tipp: Explodierende Kulissen, brennende Straßen, Stuntmen, ein U-Boot und viel Action lassen die 90-Minuten-Fahrt wie im Flug vergehen.

Harlaching • Bavariafilmplatz 7 • Tram: Bavariafilmplatz • Tel. 64 99 20 00 • www.filmstadt.de • März–Okt. tgl. 9–16, Nov.–Feb. 10–15 Uhr • Eintritt 11 €, Kinder 8 €, Stuntshow 9 €, Familien 34 €, für Geburtstagskinder freier Eintritt

Circus Krone

▸ S. 145, F 9

Der größte Circus Europas bringt seine fantastischen Programme in der Arena und am Trapez zwischen Weihnachten und April; Nachmittags- und Abendvorstellungen. Im Sommer ist der Circus Veranstaltungsort für Pop- und andere Konzerte. Der Krone-Zoo ist sonntags für Besucher geöffnet.

Bahnhofsviertel • Zirkus-Krone-Str. 1–6 • S-Bahn: Hackerbrücke • Kartentel. 5 45 80 00 • www.circus-krone.de • Eintrittskarten 12–35 €

Deutsches Museum 10

▸ Museen und Galerien, S. 96

Internationale Jugendbibliothek

▸ S. 140, westl. A 3

In den Räumen der Blutenburg warten 28 000 Bücher auf Kinder, die sie ausleihen wollen. Es werden Ausstellungen, Bastelnachmittage und Lesungen angeboten, es gibt ein Michael-Ende-Museum und einen James-Krüss-Turm.

Obermenzing • Schloss Blutenburg • Bus: Blutenburg • Tel. 8 91 21 10 • www.ijb.de • Lesesaal Mo–Fr 10–16, Ausleihe 14–18 Uhr • Eintritt frei

MERIAN-Tipp 7

OLYMPIA-ZELTDACH-TOUR

▸ S. 141, F 1

Das ist kein Kinderspiel! Aber für Kinder ab zehn Jahren in Begleitung eines Erwachsenen ein faszinierendes Abenteuer! Treffpunkt ist die Stadionkasse Nord. Man wird in die Sicherheitsbestimmungen eingewiesen, dann Anlegen des Sicherheitsgurtes – und auf geht's zur Klettertour! Alles unter Aufsicht erfahrener Tourguides. Hoch oben auf dem Dach wird Halt gemacht, auf dem Spielfeld tief unten hat Gerd Müller 1974 Deutschland zur Fußball-WM geschossen. Den »Abstieg« können ganz Mutige durch Abseilen oder mit dem »Flying Fox« abkürzen. Programmdauer: 2–2 1/2 Std., Sportschuhe sind obligatorisch.

Olympiapark • U-Bahn: Olympiazentrum • Preis 29–69 € • weitere Informationen: Tel. 30 67 24 14 • www.olympiapark-muenchen.de

Kinder- und Jugendmuseum

▸ S. 146, A 13

Fantasievolle interaktive Ausstellungen, das Erleben mit allen Sinnen, das Entdecken, Begreifen und Ausprobieren stehen im Mittelpunkt. Manches schon für Kinder ab vier Jahren! Besonders lohnend!

Bahnhofsviertel • Arnulfstr. 3 • U-/S-Bahn: Hauptbahnhof • Tel. 54 54 08 80 • Di–Fr 14–17.30, Sa, So, feiertags 11–17.30 Uhr

Marionettentheater

▸ Klappe vorne, b 6

Kindergeschichten und Märchen stehen auf dem Spielplan, darunter auch Stücke für die nicht mehr ganz Kleinen. Sogar Mozarts »Zauberflöte« kann man hier sehen und hören.

Altstadt • Blumenstr. 23 • U-Bahn: Sendlinger Tor • Tel. 26 57 12 • www.muenchner-marionettentheater.de • Kartenbestellung tgl. (außer Mo) 10–13 Uhr • Eintritt 9 €, Kinder 7 €

Münchner Theater für Kinder

▸ S. 141, F 3

Hier wird »live« gespielt – auch Geschichten von Janosch, Otfried Preußler und Astrid Lindgren werden auf die Bühne gebracht.

Maxvorstadt • Dachauer Str. 46 • U-Bahn: Stiglmaierplatz • Tel. 59 54 54 • www.muenchner-theater-fuer-kinder.de • Eintritt ab 6 €

Schauburg (Theater der Jugend)

▸ S. 142, B/C 7

Ambitioniertes Theater und intelligente Unterhaltung für ein junges Publikum, das über die Märchenwelt hinausgewachsen ist.

Schwabing • Franz-Joseph-Str. 47 • U-Bahn: Giselastraße, Josephsplatz, Tram: Elisabethplatz • Tel. 23 33 71 71 • www.schauburg.net • Eintritt 4–9 €

Sea Life München

▸ S. 141, F 1

Nahe beim Olympiaturm ist eine aufregende Unterwasserwelt zu entdecken: Hier können wissbegierige kleine und große Besucher dem Weg des Wassers von der Isar über die Donau bis zum Schwarzen Meer und weiter zum Mittelmeer folgen. Rund 10 000 Meeresbewohner begleiten sie dabei, von zierlichen Seepferdchen über geheimnisvolle Rochen bis zu den Haien. Mehr als 30 Becken, einige sehr fantasievoll mit Piers und Schiffswracks dekoriert.

Olympiapark • Willi-Daume-Platz • U-Bahn: Olympiazentrum • Info-Tel. 01 80/56 69 01 01 • www.sealifeeurope.com • tgl. 10–19, im Winter 10–18 Uhr • Eintritt 14,95 €, Kinder 9,95 €

Stadtrundfahrten

Für Kinder besonders geeignet sind die »Hop-on-and-off«-Rundfahrten mit dem Doppeldeckerbus.

Münchner Stadtrundfahrten • Bahnhofsviertel • Arnulfstr. 8 • U-/S-Bahn: Hauptbahnhof • Tel. 54 90 75 60 • www.msr-muc.de

Tierpark Hellabrunn

▸ S. 146, südl. B 16

Der Tierpark ist und bleibt die größte Kinderattraktion! Es wird auch viel dafür getan, beispielsweise im »Dschungelzelt« (Raubkatzen, Vögel), im »Urwaldhaus« (Affen), im »Polarium« (Eisbären, Pinguine), in der »Villa Dracula« (Fledermausgrotte). Im Streichelgehege begegnen die kleinen Besucher Alpacas, Zwergeseln und Kamerunschafen.

Thalkirchen • Tierparkstr. 30 • U-Bahn: Thalkirchen • Tel. 62 50 80 • www.tierpark-hellabrunn.de • April–Sept. tgl. 8–18, Okt.–März 9–17 Uhr • Eintritt 9 €, Kinder 4 €

Weitere Familientipps sind durch dieses Symbol gekennzeichnet.

Die vom Architekten Stefan Braunfels gestaltete Pinakothek der Moderne (▸ S. 101) enthält vier bedeutende Kunstsammlungen.

Unterwegs in München

Kunst und Kultur von gestern und heute, vom Zeitgeist immer das Angesagteste – die bayerische Landeshauptstadt weiß sich in jeder Hinsicht in Szene zu setzen.

Sehenswertes Nicht nur Kunst, Kultur und Kuriositäten – auch ein futuristisches Fußballstadion, ein weltberühmtes Bräuhaus und ein Schwimmbad im allerschönsten Jugendstil lenken den Blick auf sich.

◀ Die Mariensäule (▶ S. 77) – gestiftet von Maximilian I. zum Dank für die Schonung Münchens im Schwedenkrieg.

Die berühmtesten Wahrzeichen der Stadt – also etwa die Frauentürme oder das Rathaus mit seinem Glockenspiel – muss man natürlich gesehen haben. Zum anderen aber ist München ganz einfach eine vitale, dynamische und lebensfrohe Stadt!

Allianz-Arena

▶ Im Fokus, S. 88

Alter Hof ▶ Klappe vorne, d 4

Die erste Stadtresidenz der Wittelsbacher Herzöge unter Ludwig dem Strengen (1253–1294), als Zwingburg mit Graben und Toren an der Nordostecke angelegt. Auch Kaiser Ludwig der Bayer residierte hier (1328–1347) und ließ in der Burgkapelle die Reichskleinodien aufbewahren. In den folgenden Jahrhunderten wurde die »Alte Veste« immer wieder umgebaut und umfunktioniert. Mit Mühe und Not ist gerade mal der gotische Flügel mit dem Affenturm (um 1470) erhalten geblieben. Die anderen Seiten des Alten Hofes sind inzwischen uneingeschränkt der kommerziellen Nutzung ausgeliefert worden!

Altstadt • Burgstr. 8 • U-/S-Bahn: Marienplatz

»Alter Peter« 6

▶ Peterskirche, S. 81

Altes Rathaus ▶ Klappe vorne, d 4

Es begrenzt den Marienplatz auf dessen Ostseite. Die ursprüngliche Anlage von 1470 bis 1480 wurde im letzten Krieg großenteils zerstört und nur in reduzierter und vereinfachter Form wieder aufgebaut. Der gotische Gewölbesaal, einst zum Tanz bestimmt, ist heute nur selten bei festlichen Anlässen zugänglich. Die berühmten Moriskentänzer, die Erasmus Grasser 1480 eigens für den Saal geschaffen hatte, stehen im Stadtmuseum, allerdings haben nur zehn von insgesamt 16 die Jahrhunderte überlebt.

Der Rathausturm, der nach schweren Kriegszerstörungen »stilecht« in seiner gotischen Form wieder aufgebaut wurde, birgt heute das **Spielzeugmuseum** (▶ S. 103).

Altstadt • Marienplatz • U-/S-Bahn: Marienplatz

Altes Residenztheater

▶ Klappe vorne, d 3

Das Rokoko- oder Cuvilliés-Theater gehört zum großen Komplex der Residenz. François de Cuvilliés d. Ä. hat »dies schönste Rokoko-Theater der Welt« erbaut (1751–1755). Mozart dirigierte hier die Uraufführung seiner Oper »Idomeneo«.

Nach umfangreicher Restaurierung wurde es 2008 wiedereröffnet.

Altstadt • Residenzstr. 1 • U-Bahn: Odeonsplatz

Asamkirche, St. Johann Nepomuk

▶ Klappe vorne, b 5

1733 erwarb Egid Quirin Asam ein Grundstück und baute auf diesem seine private Kirche, die im Jahr 1746 geweiht wurde. Der von ihm und seinem Bruder Cosmas Damian üppig gestaltete Innenraum ist nur 9 x 28 m groß. Morgens, wenn das Licht durch das große Ostfenster einfällt, sieht man die Details am besten. Links das Asamhaus, einstiges Wohnhaus Egid Quirins, rechts das Priesterhaus (1771). Dahinter der Asamhof, ein postmodernes Wohn- und Ladenzentrum. Die Kirche ist Münchens prächtigste Rokokoperle.

Altstadt • Sendlinger Str. 32 • U-Bahn: Sendlinger Tor • tgl. 8–17.30 Uhr

Bavaria ▸ S. 145, E 11

Die bronzene Riesendame über der Theresienwiese, die in der Linken den Ruhmeskranz schwingt und mit der Rechten einen Löwen »bei Fuß« hält, soll nach dem Willen ihres königlichen Auftraggebers, Ludwig I., »bayerische und deutsche Kraft« symbolisieren. Entworfen hat sie der Bildhauer Ludwig Schwanthaler, gegossen der Erzgießer Ferdinand von Miller in den Jahren 1844 bis 1850. Für die 18,5 m hohe Statue verbrauchte er 1560 Zentner Bronze. Innen kann man der Bavaria auf einer Wendeltreppe in den Kopf steigen und durch fünf Sehschlitze auf die Stadt hinunterschauen. Flankiert wird die Statue von der Ruhmeshalle, die Leo von Klenze errichtete (1843–1853). Nach dem Willen König Ludwig I. war sie als »Gedenkstätte für ausgezeichnete Bayern« bestimmt, parallel zur Walhalla bei Regensburg, der »Gedenkstätte für die größten Deutschen«. In der dorischen Marmorsäulenhalle sind die Büsten von 95 bayerischen Persönlichkeiten aufgestellt, die sich um ihr Land, um Wissenschaft und Kunst verdient gemacht haben. Zuletzt sind immerhin auch schon die ersten zwei Frauen auserwählt worden: Lena Christ und Clara Ziegler!

Schwanthalerhöhe • Theresienhöhe • U-Bahn: Schwanthalerhöhe • Tel. 29 06 71 • tgl. 9–18 Uhr, im Winter geschl. • Eintritt 3 €, erm. 2 €

Botanischer Garten ▸ S. 140, A 2/3

Der Botanische Garten ist nach seiner Verlagerung aus der Innenstadt – »Alter Botanischer Garten« – im Nordteil des Nymphenburger Schlossparks angesiedelt worden und gehört dank der Vielfalt seiner Pflanzen sowie seiner gärtnerischen Gestaltung zu den schönsten Europas. Rund 15 000 verschiedene Pflanzen werden kultiviert und wissenschaftlich untersucht. Ein Arboretum gehört dazu, ein Alpinum mit Hochgebirgspflanzen aus aller Welt. Besonders groß ist der Zustrom der Besucher im Vorsommer während der Magnolien-, Rhododendren- und Rosenblüte. In den Gewächshäusern sind zahllose exotische Pflanzen – unter anderem Orchideen, Kakteen, Bambusgewächse, Palmen – zu sehen. Ein Besuch lässt sich gut mit der Besichtigung von Schloss und Park Nymphenburg verbinden.

Nymphenburg • Menzinger Str. 65 • Tram: Botanischer Garten • tgl. 9–18 Sommerhalbjahr, 9–16.30 Uhr Winterhalbjahr • Eintritt 5 €, Kinder frei

Bürgersaal ▸ Klappe vorne, b 4

Der Betsaal, 1709 im Auftrag der Marianischen Kongregation vom Kurfürstlichen Hofbaumeister Antonio Viscardi gebaut, ist ab 1778 als »normale« Kirche genutzt worden. Ansässige Münchner pflegen gern in dem niedrigen, saalartigen Raum zu verweilen. Die Schutzengelgruppe ist von Ignaz Günther (1763), das Relief Maria Verkündigung am Hochaltar von Andreas Faistenberger (1710), die Landschaftsbilder mit den bayerischen Marienwallfahrtsstätten stammen von Franz J. Beich.

Im Untergeschoss ist der 1987 vom Papst seliggesprochene Jesuitenpater Rupert Mayer beigesetzt, ein Widerstandskämpfer gegen das NS-Regime. Sein Grab ist zum (inoffiziellen) Wallfahrtsort für viele Münchner geworden.
Altstadt • Neuhauser Str. 14 • U-/S-Bahn: Karlsplatz

Englischer Garten

▸ Klappe vorne, e/f 1/2

Münchens viel geliebte »grüne Lunge« (▸ Im Fokus, S. 116) – etwa 5 km lang, bis zu 1 km breit und mit einer Gesamtausdehnung von nahezu 4 qkm. Entstanden ist der Englische Garten aus einer Anregung des unter Kurfürst Karl Theodor amtierenden Ministers Benjamin Thompson (später Graf Rumford), einen Volkspark in der Art der englischen Landschaftsgärten in den Isarauen anzulegen. 1789 begannen die Arbeiten am Park, die ab 1804 vom Gartenarchitekten Ludwig von Sckell geleitet wurden. Am auffälligsten unter den Bauten im Park sind der **Chinesische Turm** (1790), nach der Zerstörung im Krieg 1952 originalgetreu wiederaufgebaut, der **Monopteros**, ein klassizistischer Rundtempel nach einem Entwurf Leo von Klenzes im Auftrag Ludwig I. (1837/1838), das **Japanische Teehaus**, das Mitsuo Nomura 1972 anlässlich der Olympischen Spiele in München als Geschenk Japans an die Olympia-Stadt erbaut hat. Hinzu kommt der künstlich angelegte **Kleinhesseloher See** mit drei kleinen Inseln, einem Bootsverleih und dem Seehaus. Zugänge zum Park gibt es am Haus der Kunst, an der Veterinärstraße (Nähe Universität), Gunezrainerstraße (Nähe Münchner Freiheit), am Seehaus (Ausfahrt Mittlerer Ring) sowie an der Tivolistraße (Nähe Max-Joseph-Brücke).

Erzbischöfliches Palais

▸ Klappe vorne, c 3

Das frühere Palais Holnstein ist 1733 bis 1737 von François de Cuvilliés d. Ä. erbaut worden und bis heute gut erhalten. Seit 1818 dient es den

Wegzeiten (in Minuten) zwischen wichtigen Sehenswürdigkeiten

* mit öffentlichen Verkehrsmitteln

	Deutsches Museum	Englischer Garten	Gasteig	Hofbräuhaus	Königsplatz	Marienplatz	Schloss Nymphenburg	Pinakotheken	Residenz	Viktualienmarkt
Deutsches Museum	–	35	6	18	40	20	30*	40	24	18
Englischer Garten	35	–	22	14	23	16	35*	20	11	18
Gasteig	6	22	–	17	39	20	40*	43	20	18
Hofbräuhaus	18	14	17	–	20	4	30*	25	7	5
Königsplatz	40	23	39	20	–	18	22*	10	17	23
Marienplatz	20	16	20	4	18	–	30*	24	5	2
Schloss Nymphenburg	30*	35*	40*	30*	22*	30*	–	27*	23*	30*
Pinakotheken	40	20	43	25	10	24	27*	–	22	30
Residenz	24	11	20	7	17	5	23*	22	–	8
Viktualienmarkt	18	18	18	5	23	21	30*	30	8	–

Erzbischöfen von München und Freising als standesgemäße Residenz.
Altstadt • Kardinal-Faulhaber-Str. 7 • U-/S-Bahn: Marienplatz

Feldherrnhalle ▸ Klappe vorne, d 3

Mit diesem der Loggia dei Lanzi in Florenz nachempfundenen Monument wollte Ludwig I. einen Blickpunkt für die Ludwigstraße schaffen. Die beiden Standbilder in Bronze verewigen »bayerische Feldherren«, nämlich Fürst Wrede und Graf Tilly, »der eine kein Feldherr, der andere kein Bayer«, wie die Münchner spötteln. Durch Hitlers »Marsch zur Feldherrnhalle« 1923 ist das Monument mit der deutschen Geschichte verbunden. Die Viscardigasse hinter der Feldherrnhalle hieß im Volksmund »Drückebergergasserl«, denn alle, die vor der Feldherrnhalle nicht die Hand zum vorgeschriebenen »Deutschen Gruße« erheben wollten, gingen hier entlang.
Altstadt • Odeonsplatz • U-Bahn: Odeonsplatz

MERIAN-Tipp 8

CHINESISCHER TURM UND MONOPTEROS ▸ S. 143, D 8

Der Chinesische Turm ist natürlich mehr als eine Sehenswürdigkeit: eine Station auf dem Spaziergang durch den Englischen Garten (▸ Im Fokus, S. 116), ein Biergarten der etwas besonderen Art (▸ S. 25), aber eben auch ein genauerer Betrachtung würdiges Objekt. Das kuriose Bauwerk war 1790 errichtet worden, als überall in Europa das »Reich der Mitte« groß in Mode war, hatte schnell die Herzen der Münchner erobert und wurde 1944 durch Fliegerbomben zerstört. Noch vor sehr viel dringlicheren Wiederaufbauten in der Stadt wurde der hölzerne Turm mithilfe von Spenden Münchner Bürger in seiner überkommenen Form wieder errichtet. Ganz in der Nähe erhebt sich der Monopteros, ein klassizistisches Tempelchen, das 1837/1838 nach den Plänen des viel beschäftigten Baumeisters Leo von Klenze errichtet worden war.

Fernsehturm 6

▸ Olympiapark, S. 80

Frauenkirche ▸ Klappe vorne, c 4

Ihr offizieller Name ist »Dom zu Unserer Lieben Frau«. Der spätgotische Backsteinbau der 1468 bis 1488 von Jörg von Halspach erbauten Kirche ist das größte Bauwerk der mittelalterlichen Stadt. Mit seinem mächtigen Satteldach überragt er alle anderen Häuser der Altstadt. Die Kirche ist 109 m lang, 41,5 m breit und am Dachfirst 55 m hoch.
Die Kirche wurde im Jahr 1494 geweiht. Erst 1524 erhielten die beiden 99 und 100 m hohen Türme ihre charakteristischen »welschen Hauben« nach dem Vorbild italienischer Renaissancekuppeln – seitdem das weithin bekannte Wahrzeichen der Stadt. Die Ausstattung der Kirche ist immer wieder verändert und ergänzt worden. So gab es keinen »Originalzustand«, den der Wiederaufbau nach schwersten Bombenschäden im Jahr 1944 hätte wieder herstellen können.
Zum kostbarsten Besitz der Frauenkirche gehören die zum Teil noch aus

Wer an der Heilig-Geist-Kirche (▸ S. 72) vorüberkommt, hat meist nur den nahen Viktualienmarkt im Sinn. Dabei würde ein sakraler Blick durchaus lohnen ...

der Vorgängerkirche stammenden Fenster im Chor, entstanden zwischen 1392 (Verkündigung Mariä) und dem Anfang des 16. Jh. Nicht weniger bedeutend: die Apostel- und Prophetenfiguren von Erasmus Grasser über dem Chorgestühl (1502), die Heiligenstatuetten an den Chorgittern (Grasser), die vergoldeten Reliefs mit Szenen aus dem Marienleben von Ignaz Günther (1744), ebenfalls im Chor; die Monumentalfigur des hl. Christophorus von Hans Leinberger (1525) in der Kapelle der Hofbruderschaft St. Anna und St. Georg; das einstige Hochaltarbild »Maria Himmelfahrt« von Peter Candid (1620) über dem Sakristeieingang, die Leinberger-Madonna am Choreingang rechts (1520) und die Schutzmantelmadonna des Jan Polack (um 1500) in der Chorhauptkapelle. Schließlich das monumentale Prunkgrabmal für Kaiser Ludwig den Bayern, von Hans Krumper im Auftrag des Kurfürsten Maximilian I. geschaffen (um 1620), mit vier Wächterfiguren von Hubert Gerhart.

Altstadt • Frauenplatz 1 • U-/S-Bahn: Marienplatz

WUSSTEN SIE, DASS ...

... die Frauenkirche für 20 000 Gläubige bemessen war, obwohl München zur Bauzeit nur 13 000 Einwohner zählte?

Friedensengel ▸ S. 147, E 13

Monumental in Gold prunkender Höhepunkt der Prinzregentenstraße über der Isar, der zum Gedenken an den Frieden von Versailles 1871 von der Stadt München gestiftet und 1896 bis 1899 errichtet wurde.

Bogenhausen • Prinzregentenbrücke • U-Bahn: Prinzregentenplatz

Fünf Höfe ▸ Klappe vorne, c/d 3

Historische Gebäude, moderne Architektur, abwechslungsreiche Passagen und fantasievoll gestaltete Innenhöfe verdienen es, diesen gelungensten aller neuen Altstadt-Innenhöfe auch als eine Art »Gesamtkunstwerk« wahrzunehmen. Dem gerecht zu werden, bemühen sich auch die Auslagen der edlen Geschäfte, die sich hier eingemietet haben.

Altstadt • U-/S-Bahn: Marienplatz, U-Bahn auch Odeonsplatz

Heilig-Geist-Kirche ▸ Klappe vorne, d 4

Die 1392 fertiggestellte gotische Hallenkirche (mit angeschlossenem Spital) ist von den Brüdern Asam und von J. G. Ettenhofer ausgestattet worden (1724–1730). Bemerkenswert die Hammerthaler Muttergottes (um 1450) im Marienaltar und das spätgotische Kruzifix (1510) in der Kreuzkapelle. Die Kirche wurde im Bombenhagel des Zweiten Weltkriegs schwer beschädigt.

Altstadt • Tal 77 • U-/S-Bahn: Marienplatz

Herz-Jesu-Kirche ▸ S. 141, C 3

Die Kirche steht nicht an einem Platz, an dem Touristen mehr oder weniger zwangsläufig vorbeikommen. Trotzdem lohnt sich der Abstecher in den Stadtteil Neuhausen (der sich wiederum mit dem Besuch von Schloss und Park Nymphenburg verbinden lässt). Der gläserne Kubus des ultramodernen, im November 2000 geweihten und nicht gleich auf Anhieb als solches erkennbaren Gotteshauses fasziniert vor allem durch seine fast 14 m hohen Portalflügel, die sich hydraulisch öffnen lassen. Der Innenraum wird auf drei Seiten von natürlichem, durch Holzlamellenwände eindringendem Licht durchflutet. Die Symbole der fünf Wundmale Christi liegen tief im Boden, in eingefassten Sichtfenstern. Auch der Glockenturm, ein nacktes Stahlgerüst, folgt dem Gebot der absoluten Transparenz. Dem avantgardistischen Bauwerk des Münchner Architekturbüros Sattler wünscht man nicht nur bewundernde, sondern auch gläubige Besucher. Führungen nach Vereinbarung.

Neuhausen • Lachnerstr. 8 • U-Bahn: Rotkreuzplatz • virtuelle Kirchenbesichtigung unter www.herzjesu-neuhausen.de

Hofbräuhaus ▸ Klappe vorne, d 4

Weltweit gesehen, ist und bleibt es Attraktion Nummer eins in der Stadt. Ob die Stadt stolz darauf sein kann, wollen wir dahingestellt sein lassen. Immerhin ist das Bräuhaus am Platzl bereits 1589 durch Herzog Wilhelm V. zur Versorgung des Hofes und seiner Bediensteten gegründet worden. Doch erst ab 1828 entstand die Gastwirtschaft, und die Münchner Bürger durften hier ihr Bier trinken. Wie es kam, dass der Ruf des Hofbräuhauses sich in großer Geschwindigkeit über den Erdball verbreitete, würden heutige Marketing-Experten gern wissen. Aber auch wir können nicht sagen, warum das Lied »In München steht ein Hofbräuhaus …« in der ganzen Welt mit solcher Begeisterung, wenn auch gern falsch, gesungen wird.

In die »Schwemme« im Erdgeschoss, die 1300 Zechern Platz bietet, sollten aber auch Bierverächter zumindest einen Blick geworfen haben. Vielleicht freut sie ja das Leben, wenn sie wieder im Freien sind, umso mehr.

Zum Hofbräuhaus-Restaurant mit seiner durchaus soliden Küche gehört auch ein kleiner Biergarten im Innenhof, eine in dieser Umgebung überraschende Idylle.

Altstadt • Am Platzl 9 • U-/S-Bahn: Marienplatz

Hofgarten

▸ Klappe vorne, d 2

Die Anlage ist in den Jahren vor dem Ausbruch des Dreißigjährigen Krieges unter Kurfürst Maximilian I. entstanden, ebenso die Arkaden im Westen und Norden, die später aufgestockt und durch das Hofgartentor (Leo von Klenze, 1816) ergänzt worden sind. In den Westarkaden beiderseits des Tores sind rekonstruierte Fresken zur bayerischen Geschichte zu sehen, ausgeführt von Wilhelm Kaulbach nach Entwürfen von Cornelius. Die grafischen Wandbilder im Nordflügel, wo das Theatermuseum, der Kunstverein und private Galerien untergebracht sind, hat Richard Seewald nach dem Zweiten Weltkrieg geschaffen.

Altstadt • U-Bahn: Odeonsplatz

Jüdisches Zentrum 3

▸ Klappe vorne, c 5

Ein außerordentlicher Glücksfall: Auf dem St.-Jakobs-Platz, einem bis dahin trostlosen Nachkriegs-Provisorium, mit dem die Stadt nichts anzufangen wusste, hat die zweitgrößte jüdische Gemeinde in Deutschland, die Israelitische Kultusgemeinde München, ihr neues Zentrum errichten und damit endlich einen zentralen Ort nicht nur für die Münchner Juden schaffen können. Der ist auf der einen Seite ein bedeutendes religiöses, kulturelles und politisches Denkmal, aber auch stadträumlich und architektonisch für die Stadt ein Gewinn. Auf dem Platz stehen in einem interessanten Span-

Kleinod und Ruheoase mitten in der Stadt: der Hofgarten (▸ S. 73) mit Dianatempel und schönem Blick auf die Theatinerkirche (▸ S. 87).

nungsverhältnis zueinander die Synagoge, das Jüdische Museum und das Gemeindehaus. Während der mehrjährigen Bauzeit hatten die Münchner den entstehenden Gebäudekomplex des Teams Wandel Hoefer Lorch Architekten mit Skepsis verfolgt: zu groß, zu dominant erschien er vielen, »es gibt doch gar nicht (mehr) so viele Juden hier«. (Die Israelitische Kultusgemeinde München zählt rund 8000 Mitglieder!) Doch dann ist das architektonische Dreieck auf dem St.-Jakobs-Platz von ihnen schnell angenommen worden. Dazu trägt wesentlich das Gemeindehaus mit seinen drei gastronomischen Betrieben sowie dem Konzert- und Vortragssaal bei. Außerdem sind weitere Veranstaltungsräume, eine Ganztagsschule mit Aula, Mensa, Turnhalle und Kindergarten, ein Kulturzentrum und die Bibliothek hier untergebracht. In der 6. Etage walten die Gemeindeoberen ihrer Ämter. Von ihrer Dachterrasse aus blickt man, wenn man es denn so weit hinauf geschafft hat, auf die zum Greifen nahen Türme der Münchner Altstadt. Denen, die noch die Jahre der Verfolgung und Vernichtungslager am eigenen Leibe erlebt haben, mag das wie ein wahres Wunder erscheinen ...
Die Hauptsynagoge ersetzt die erste Synagoge, deren Abbruch im Sommer 1938 – noch vor der »Reichskristallnacht« – von den Nazi-Diktatoren erzwungen worden war. Sie ist ein großer, eindrucksvoller Bau und ganz auf die Bedürfnisse der jüdischen Gemeinde ausgerichtet. Die untere Hälfte des Synagogen-Würfels mit ihren grob gebrochenen Travertinplatten verweist nicht zufällig auf die Klagemauer in Jerusalem. Wer die monströse Sicherheitsschleuse hinter den schweren Bronze-Flügeltüren hinter sich gebracht hat, steht in einem vom Tageslicht erfüllten hohen, festlichen Saal, der zu den wohl schönsten in unserer Zeit entstandenen Kulträumen gehört.
Altstadt • St.-Jakobs-Platz 18 • U-/S-Bahn: Marienplatz, U-Bahn auch Sendlinger Tor

Karlsplatz ▸ Klappe vorne, b 3

Von den Münchnern liebevoll Stachus genannt. Als München noch keine S-Bahn und keine Fußgängerzone hatte, galt der Stachus als verkehrsreichster Platz Europas. Seither ist er etwas an den Rand des Verkehrsgeschehens gerückt, da sich vieles inzwischen unterirdisch abspielt. Dafür wurde er über der Erde mit dem Stachus-Rondell und dem großen Springbrunnen zu einer Oase für müde Spaziergänger. Das Karlstor ist eines der Tore der Stadtummauerung, die Ludwig der Bayer bauen ließ (um 1300). Der Hauptturm wurde abgerissen, übrig blieben die beiden Vortürme.
Altstadt • U-/S-Bahn: Karlsplatz

WUSSTEN SIE, DASS ...

... der verkehrsreiche Platz nach dem Wirt Eustachius Föderl benannt ist, der seine Gaststätte am südlichen Platzende hatte, dort, wo heute der Kaufhof steht?

Karolinenplatz mit Obelisk
▸ Klappe vorne, b 2

Ein Anfang des 19. Jh. angelegter strahlenförmiger Rundplatz, dessen beschaulicher Ausstrahlung auch

Mit Synagoge und Jüdischem Zentrum (▸ S. 73) hat der früher etwas stiefmütterlich behandelte St.-Jakobs-Platz auch architektonisch eine Bereicherung erfahren.

der ihn umkreisende lebhafte Verkehr samt Tram nichts anhaben kann. Als Vorbild diente die Place de l'Etoile in Paris. In seiner Mitte ragt ein Obelisk 29 m in die Höhe. Ursprünglich vom frisch gebackenen König Max Joseph als Denkmal für »seine« Armee geplant, sollte er dann an die 1812 im Russlandfeldzug Napoleons umgekommenen bayerischen Soldaten erinnern. Die Inschrift »Auch sie starben für des Vaterlands Befreiung« war schon zur Zeit der Einweihung im Jahr 1833 umstritten. Denn die 30 000 Bayern starben für niemand anderen als für Napoleon und seine maßlose Weltmachtpolitik.

Maxvorstadt • U-Bahn: Königsplatz, Tram: Karolinenplatz

Königsplatz 4 ▸ Klappe vorne, a 1

Die Architekten Carl von Fischer, Ludwig von Sckell und Leo von Klenze entwarfen die Konzeption und gestalteten die Anlage dieses hoheitsvollen Platzes. Im Grunde aber war es König Ludwig I., der hier ein Stück Griechenland bauen ließ. Und so erhielt München seine schönste klassizistische Platzanlage, architektonisch eingerahmt von der Glyptothek, der Staatlichen Antikensammlung sowie den erst nach Ludwigs Abdankung im März 1848 errichteten **Propyläen** im Westen. Dieses nach der Akropolis in Athen benannte Vortor sollte die Beziehungen Bayerns zu Griechenland symbolisieren. Denn Ludwig I. hatte erreicht, dass sein zweiter Sohn Otto 1832 zum König des befreiten Griechenland erhoben wurde – ein persönlicher Triumph, auch wenn Otto der Aufgabe nicht gewachsen war und nach 30-jähriger Regentschaft nach München zurückkehrte.

Maxvorstadt • U-Bahn: Königsplatz

Der Königsplatz mit Glyptothek (▸ S. 75): Münchens schönster klassizistischer Platz ist ein Symbol der guten Beziehungen zwischen Bayern und Griechenland.

KZ-Gedenkstätte Dachau

▸ S. 123, b 2

In Dachau entstand 1933 das erste nationalsozialistische Konzentrationslager in Deutschland. Auf dem Areal des einstigen Lagers wurde eine Gedenkstätte eingerichtet, die mit Museum, Bibliothek und Archiv an die NS-Diktatur im Dritten Reich erinnert. Jeweils um 11.30, 14 und 15 Uhr wird der Film »KZ Dachau« in deutscher, jeweils 30 Min. später in englischer Sprache vorgeführt.

Dachau, Alte Römerstr. 75 • S-Bahn: Dachau • Tel. 0 81 31/ 66 99 70 • www.kz-gedenkstaette-dachau.de • tgl. außer Mo 9–17 Uhr • Eintritt frei

Ludwigstraße

▸ Klappe vorne, d 1/2

Diese monumentale Straße wurde als Verbindung zwischen dem Odeonsplatz und dem Dorf Schwabing angelegt (1817). Das in seiner Einheitlichkeit großartige bauliche Konzept ist Leo von Klenze zu verdanken, dessen Werk von Gärtner kongenial zu Ende geführt wurde.

Mitbestimmend für den Neurenaissance-Baustil der Ludwigstraße war das **Leuchtenberg-Palais** (Odeonsplatz 4), das Klenze 1816 bis 1818, inspiriert vom Vorbild des Palazzo Farnese in Rom, erbaut hatte und das heute der Sitz des Bayerischen Finanzministeriums ist. Das benachbarte **Odeon** (Odeonsplatz 3), 1826 bis 1828 ebenfalls von Klenze erbaut, beherbergte die Musikhochschule; heute amtiert hier der Bayerische Innenminister. Gegenüber steht das **Basargebäude** (Odeonsplatz 6–18), gleichzeitig von Klenze errichtet, um den Straßenzug vom Hofgarten abzugrenzen.

Weitere bedeutende Bauwerke an der Ludwigstraße sind die **Bayerische Staatsbibliothek** (Ludwigstr. 16) nach Plänen von Friedrich von Gärtner (1832–1842) – die Bibliothek ist mit 4,7 Mio. Bänden die größte in Deutschland –, die **Ludwigskirche**, als Pfarr- und Universitätskirche von Gärtner (1829–1844) errichtet, der Innenraum wird beherrscht von dem riesigen Chorfresko »Das Jüngste Gericht« von Peter Cornelius (1836–1840), einem der größten Kirchengemälde der Welt; die **Ludwig-Maximilian-Universität** am heutigen Geschwister-Scholl-Platz, der als Forum der Wissenschaft das abschließende Gegenstück zum Odeonsplatz am Anfang der Straße bilden sollte. Man muss den Universitätskomplex als Einheit mit den Bauten **Georgianum** und **Max-Joseph-Stift** auf der gegenüberliegenden Seite, am heutigen Professor-Huber-Platz, betrachten. Der ununterbrochen strömende Verkehr lässt das Forum mit seinen römischen Brunnen allerdings in zwei Teile auseinanderfallen. Das **Siegestor** (▸ S. 86) bildet den nördlichen Abschluss der Ludwigstraße.

Maxvorstadt • U-Bahn: Odeonsplatz

Marienplatz 5 ▸ Klappe vorne, c 4

Er ist das Herz der Stadt, Zentrum der Fußgängerzone, Kreuzungspunkt der wichtigsten S- und U-Bahn-Linien, Treffpunkt des internationalen Tourismus – speziell zu den Zeiten des Glockenspiels im Rathausturm. Mittelpunkt für Handel und Wandel ist der frühere Schrannenplatz schon zu Zeiten der Stadtgründung (1158) gewesen; hier wurde der Korn- und Salzmarkt abgehalten. Um 1310 stand hier bereits ein Rathaus (▸ Altes Rathaus, S. 67), und 1315 erließ Ludwig der Bayer ein Verbot, die Platzfläche zu bebauen. Das **Neue Rathaus** ist in drei Bauphasen um sechs Innenhöfe herum errichtet worden (1867–1909). Sein **Glockenspiel** (👪) 5, im 85 m hohen Rathausturm integriert, ist mit 43 Glocken das viertgrößte Europas. Es zeigt 32 bewegliche Figuren, die zum Klang der Glocken ein Ritterturnier und den Schäfflertanz darstellen. Bei der »Abendvorstellung« erhält das Münchner Kindl vom Friedensengel den Gute-Nacht-Segen (tgl. 21 Uhr). Im 9. Stock des Turmes gibt es zudem eine Aussichtsgalerie, die man bequem mit dem Lift erreicht.

Altstadt • U-/S-Bahn: Marienplatz • Turm: Nov.–April Mo–Fr 10–17, Sa, So und feiertags geschl., Mai–Okt. tgl. 10–19 Uhr • Glockenspiel: tgl. 11 und 12, Mai–Okt. auch 17 Uhr

WUSSTEN SIE, DASS ...

... die Mariensäule als symbolische Mitte der Stadt gilt? Alle Entfernungen werden traditionsgemäß von hier aus gemessen.

Mariensäule ▸ Klappe vorne, c 4

Die 11 m hohe Monolith-Säule ist nach einem Gelöbnis Maximilian I. zum Dank für die Bewahrung Münchens und Landshuts vor der Brandschatzung durch die Schweden errichtet worden (1638). Die Marienfigur auf ihrem korinthischen Kapitell ist ein Meisterwerk des niederländischen Bildhauers Hubert Gerhart (um 1595). Auf der Balustrade kämpfen Barockputten gegen Drachen, Löwen, Basilisken und Natter als Allegorien von Hunger, Krieg, Pest und Ketzerei.

Altstadt • U-/S-Bahn: Marienplatz

Maximilianeum ▸ S. 147, D/E 14

Das von König Maximilian II. um die Mitte des 19. Jh. in Auftrag gegebene monumentale Bauwerk ist repräsentativ für den historisierenden Baustil dieser Jahrzehnte: Grundsteinlegung 1857, Vollendung 1874. Architekt war der auch für die Gestaltung der Maximilianstraße verantwortliche Friedrich Bürklein. Wesentlicher als stilistische Details – zwischen »Neugotik und Neorenaissance« – ist die städtebaulich exponierte Lage über der Isar als Ziel der noch in der Planung befindlichen Maximilianstraße. Das Maximilianeum wird zum Glanzpunkt, wenn die untergehende Sonne seine nach Westen ausgerichtete Arkadenfassade förmlich vergoldet. Es beherbergt die Studienstiftung gleichen Namens für hochbegabte Stipendiaten aus dem Freistaat Bayern. Seit 1949 ist es Sitz des **Bayerischen Landtages** und gilt als imposantestes Parlamentsgebäude Deutschlands.

Lehel/Haidhausen • Max-Planck-Str. 1 • U-Bahn: Max-Weber-Platz

Maximilianstraße

▸ Klappe vorne, d/f 4

Unter den eleganten Einkaufsstraßen Münchens ist sie die allerfeinste. Das verdankt sie ihrer architektonischen Geschlossenheit, die auf König Maximilian II. zurückgeht, der einen »einheitlichen zeitgemäßen Baustil« wünschte. Mit »seiner« Straße wollte Maximilian der klassizistischen Architektur seines Vaters, Ludwig I., etwas kunsthistorisch und städtebaulich Neues entgegensetzen. Der vor allem vom Architekten Friedrich Bürklein zu verantwortende »Maximilianstil« kombinierte Elemente der englischen und niederländischen Gotik mit Formen der italienischen Hochrenaissance. So entstand in den 1950er- bis 1970er-Jahren der vom Max-Joseph-Platz ausgehende Straßenzug, mit dem **Maximilianeum** als Blickpunkt und krönendem Abschluss jenseits der Isar (1857–1874 von Friedrich Bürklein erbaut), seit 1949 Sitz des Bayerischen Landtags.

In der Maximilianstraße konzentriert sich nicht allein die Crème de la Crème des elitären Konsums von Jil Sander bis Louis Vuitton, von Hermès über Bulgari bis zur Galerie Thomas. Leider werden die Münchner Traditionsgeschäfte mehr und mehr von internationalen Nobel-Marken verdrängt, weil sie die exorbitanten Ladenmieten nicht mehr zahlen können oder wollen. Einige unter ihnen sind inzwischen in die Nebenstraßen ausgewichen. Wo die Maximilianstraße sich zu einem Forum mit Grünanlagen auf beiden Seiten erweitert, hat der Durchbruch des Altstadtrings die Geschlossenheit des Straßenzuges schwer beschädigt. Für flanierende Fußgänger sind diese Anlagen – dem **Völkerkunde-Museum** und der **Regierung von Oberbayern** vorgelagert – durch einen Tunnel erreichbar. Den Abschluss der Prachtstraße vor der Isar schließlich bildet das **Max-II-Monument**, das dem toten König »von seinem getreuen Volk errichtet« wurde.

Altstadt • U-/S-Bahn: Marienplatz, U-Bahn: Lehel

Max-Joseph-Platz

▸ Klappe vorne, d 3

Nach dem ersten König von Bayern, Maximilian I. Joseph (1799–1825), benannt, den auch das Denkmal in

der Mitte des Platzes darstellt. Nach der Aufhebung des alten Franziskanerklosters sollte dies eine repräsentative Platzanlage des jungen Königreichs sein. Im Osten begrenzt ihn die Fassade des **Nationaltheaters** (Staatsoper, Baubeginn 1811) und des **Neuen Residenztheaters**, im Norden der Königsbau der **Residenz**, im Süden die Säulenarkaden der ehemaligen **Hauptpost** (um 1750 als Palais Törring erbaut).
Altstadt • U-/S-Bahn: Marienplatz

Michaelskirche, St. Michael

▸ Klappe vorne, b 4

Das prächtigste Bauwerk der Renaissance in München, auch richtungsweisend für die süddeutsche Barockarchitektur. Mit ihm hat Herzog Wilhelm V., der sich gern »der Fromme« nennen ließ, aber durchaus machtbewusst war und zu prunken wusste, der Gegenreformation, dem jungen Jesuitenorden und vor allem sich ein Denkmal gesetzt. Erbaut wurde die Kirche 1583 bis 1597, Architekt war Friedrich Sustris, ein Niederländer italienischer Schule.
Das gewaltige Tonnengewölbe (20 m Spannweite) ist nach dem des Petersdoms in Rom das zweitgrößte in der Welt. An der Fassade fällt zwischen den beiden Portalen die Bronzefigur des Erzengels Michael von Hubert Gerhart auf (1592). Die Statuen sollen die vorgebliche Ahnenreihe des Herzogs darstellen – von den Agilolfingern über Karl den Großen bis zu den Kaisern aus dem Hause Habsburg. In der Gruft sind der Bauherr, Kurfürst Maximilian I. und König Ludwig II. beigesetzt. Die Orgelkonzerte und musikalischen Messen lohnen auch wegen der exzellenten Akustik.
Altstadt • Neuhauser Str. 52 • U-/S-Bahn: Karlsplatz

Michaelskirche in Berg am Laim

▸ S. 147, östl. F 15

Die Kirche ist eines der Meisterwerke Johann Michael Fischers, der sich in der Strukturierung des Innenraumes auf der Höhe seines Schaffens zeigt (1738–1751). Die Stuckdekorationen stammen von Johann Baptist Zimmermann, Hochaltar und Seitenaltäre von Johann Baptist Straub.

MERIAN-Tipp 9

MÜLLER'SCHES VOLKSBAD

▸ Klappe vorne, f 6

Als »Sehenswürdigkeit« ein Geheimtipp und auch nicht ohne Weiteres zugänglich, gilt der auffallende Bau neben der Ludwigsbrücke als »Deutschlands schönstes Jugendstilbad«. Er war auch Münchens erstes Hallenbad, sieht man von der fürstlichen Badenburg im Nymphenburger Park ab. Erbaut wurde das Volksbad in den Jahren 1897 bis 1901. Ein Besuch der üppig ausgestatteten Schwimmhallen ist sehr lohnend; allerdings sind nur »Bader« zugelassen. Also Badehose oder Badeanzug einpacken, Eintrittskarte lösen und hinein ins nasse Vergnügen! Schöne Sauna, gemütliches Café.
Haidhausen • Rosenheimer Str. 1 • S-Bahn: Isartor, Tram: Deutsches Museum • Tel. 0 18 01/79 62 23 • tgl. 7.30–23 Uhr • Eintritt Schwimmbad 3,70 €, röm.-irisches Schwitzbad (4 Std., inkl. Schwimmbadbenutzung) 14 €, Sauna-Tageskarte 21 €

Der Olympiapark (▸ S. 80) ist heute nicht nur ein beliebter Freizeit-Tummelplatz der Münchner, sondern auch ein Anziehungspunkt für Besucher.

Berg am Laim • Clemens-August-Str. 9 a • U-Bahn: Michaelibad

Neues Rathaus

▸ Marienplatz, S. 77

Odeonsplatz ▸ Klappe vorne, d 2

Monumentaler Ausgangspunkt der Ludwigstraße, dessen Würde durch den offensichtlichen »Stilmischmasch« von **Theatinerkirche**, **Feldherrnhalle** und unterschiedlichen Bauteilen der **Residenz** samt **Hofgarten** nicht beeinträchtigt wird. Das **Reiterdenkmal** für Ludwig I. auf dem Platz ist 14 Jahre nach seiner erzwungenen Abdankung errichtet worden (1862). Auf der Westseite befinden sich **Odeon**, einst ein Konzertsaal mit legendärer Akustik, heute Innenministerium, und **Leuchtenberg-Palais**, heute Finanzministerium.

Altstadt • U-Bahn: Odeonsplatz

Olympiapark ▸ S. 141, E/F 1/2

Auf dem ehemaligen Oberwiesenfeld wurde für die XX. Olympischen

Spiele 1972 von der Architektengemeinschaft Günter Behnisch und Partner dieser Park entworfen. Heute wird er von der Bevölkerung für sportliche Veranstaltungen, musikalische Ereignisse oder einfach nur zum Spazierengehen genutzt.
Der **Olympia-** oder **Fernsehturm** 6 ist 290 m hoch. In 190 m Höhe gibt es eine Aussichtsplattform (tgl. 9–24 Uhr) und ein Drehrestaurant, mit zwei Aufzügen zu erreichen. Zum eigentlichen Symbol der Münchner Spiele ist aber das berühmte **Zeltdach** geworden, das den westlichen Teil des 67 000 Personen fassenden **Olympiastadions** sowie Olympiahalle und Olympiaschwimmhalle überspannt. Die Fläche des Daches misst 74 800 qm, allein das Dach kostete 168 Mio. Mark. Die kühne Konstruktion aus Acrylglasplatten, die von zwölf großen, bis zu 81 m hohen und 36 kleineren Pylonen getragen werden, war nicht nur anfangs heftig umstritten. 2003 hätten die Fußballfunktionäre das ganze Stadion am liebsten abreißen lassen, weil es ihnen nicht mehr zeitgemäß schien. Den Banausen um ihren »Kaiser« Beckenbauer konnte gerade noch in den Arm gefallen werden.
Der 52 m hohe **Olympiaberg** wurde auf zusammengetragenen Ruinentrümmern des Zweiten Weltkrieges angelegt und mit voralpiner Vegetation begrünt.
Als weitere Sportstätten gibt es das **Eissportstadion**, die **Schwimmhalle** und das einstige Radstadion. Die **Olympiahalle** selbst wird auch für Kongresse, Ausstellungen und Konzerte genutzt. Es werden geführte Fußball-, Erlebnis-, Sightseeing-, Zeltdach- und »Architek-Touren« angeboten, im Sommer auch eine ausgefallene Klettertour über das Zeltdach mit Seilsicherung (▸ MERIAN-Tipp, S. 61).
Olympiapark • U-Bahn: Olympiazentrum • www.olympiapark-muenchen.de • Auskunft über Führungen und Besichtigungen: Besucherservice im Info-Pavillon: Tel. 3 06 70

Peterskirche, St. Peter

▸ Klappe vorne, c 4

Erste und lange Zeit einzige Pfarrkirche der Stadt, deren erster Bau (erste Hälfte 11. Jh.) älter als die Stadt selbst ist. In der Folgezeit erlebte das Gotteshaus zahlreiche Erweiterungen und Modernisierungen in den Stilen der Gotik, der Renaissance und des Barock. Die Bombenzerstörungen der Jahre 1944/1945 waren so schwer, dass man die Kirche beinahe gänzlich gesprengt hätte.
Der Turm »Alter Peter« 6 ist – neben den Türmen der Frauenkirche – das Wahrzeichen der Stadt geblieben. 302 hölzerne Stufen führen an den vier Glocken vorbei zur Aussichtsgalerie. Auf dem spätbarocken Hochaltar in der Kirche steht eine großartige Petrus-Statue von Erasmus Grasser (1492). Vier Kirchenväter gestaltete Egid Quirin Asam (1732). Die fünf Flügelbilder des gotischen Hochaltars stammen von dem spätgotischen Maler Jan Polack (1517). Sehr eindrucksvoll ist auch der Schrenk-Altar (um 1400).
Altstadt • Rindermarkt 1 • U-/S-Bahn: Marienplatz • Turm: Mo–Fr 9–18.30, Sa, So und feiertags 10–18.30 Uhr • Turmbesteigung 1,50 €

Preysing-Palais ▸ Klappe vorne, d 3

Das für den kurfürstlichen Oberstjägermeister Graf Maximilian von Preysing vom Architekten Joseph

MERIAN-Tipp 10

AMALIENBURG IM SCHLOSS-PARK NYMPHENBURG

▸ S. 140, A 3

Auch wenn Sie meinen, keine Zeit für den Park zu haben, diese halbe Stunde sollten Sie unbedingt »freischaufeln«: Die Amalienburg ist unter den im Schlosspark verstreuten Rokoko-Architekturen das kostbarste Kleinod: ein Jagdschloss im Miniaturformat, das Kurfürst Karl Albrecht seiner Gemahlin Maria Amalia vom genialen Hofarchitekten Cuvilliés erbauen ließ (1734–1739). Der kreisrunde Spiegelsaal realisiert das Ideal der Epoche, die optische Auflösung aller räumlichen Begrenzungen, in vollkommener Form. Eine Fülle köstlicher Details – Jagdszenen, Stuckaturen, Hundekojen, holländische Kacheln in der Küche – will entdeckt und bewundert werden. Vom Schloss 10 Min. zu Fuß durch den Park.

Nymphenburg • Tram: Schloss Nymphenburg • April–Okt. 9–18, Nov.–März 10–16 Uhr • Eintritt 2 €, erm. 1 €

Effner erbaute Palais (1723–1728) ist das erste und gleichzeitig am reichsten dekorierte Rokoko-Palais Münchens, bei dem erstmals Stuck für die Fassaden verwendet wurde.

Altstadt • Residenzstr. 27 • U-Bahn: Odeonsplatz

Prinz-Carl-Palais

▸ Klappe vorne, e 2

Das Schlösschen aus der Übergangszeit vom Rokoko zum Klassizismus ist von dem erst 21-jährigen Architektenneuling Carl von Fischer errichtet worden (1803–1811). Es hat mehrfach die Besitzer gewechselt, heute ist es repräsentativer Rahmen für den Ministerpräsidenten des Freistaates Bayern und gilt als »schönster Aristokratensitz Münchens seit Cuvilliés Bauten« (so Heinrich Wölfflin). Durch den Bau der Prinzregentenstraße (Ende 19. Jh.) und die Untertunnelung des Altstadtrings wurde das Palais von seinem ursprünglichen »Lebensraum« abgeschnitten.

Maxvorstadt • Königinstr. 1 • U-Bahn: Odeonsplatz • Besichtigung nicht möglich

Residenz 7

▸ Klappe vorne, d 3

Der große Gebäudekomplex ist im Lauf der Jahrhunderte entsprechend den jeweils aktuellen Moden und Bedürfnissen gewachsen. 1385 begannen die Wittelsbacher, sich im Nordosten der Stadt eine »Neuveste« zu bauen, von der bis heute nur Fundamente erhalten sind. Der älteste Bauteil der Residenz ist das **Antiquarium**, erbaut 1569 bis 1571 unter Albrecht V. Bauherr des Grottenhofes mit dem Perseus-Brunnen war Wilhelm V., sein Architekt Friedrich Sustris (um 1580).

Wesentlich erweitert wurde der Komplex durch die maximilianeische Residenz, die in den ersten beiden Jahrzehnten des 17. Jh. (bis zum Ausbruch des Dreißigjährigen Krieges) gebaut wurde. Zur Residenz gehören die Renaissancefassade an der Residenzstraße, der Residenzturm, die Reiche Kapelle, der Brunnenhof, die Vierflügelanlage um den Kaiserhof mit der Kaisertreppe, Steinzimmer und Trierzimmer sowie der vorgelagerte **Hofgarten**. Das **Alte Residenztheater** wurde unter Max III. Joseph gebaut. Unter den beiden ersten Königen der Bayern, Max I. Joseph und seinem Sohn Ludwig I., erhielten die Nord- und die Südseite der Residenz repräsentative Fassaden; die **Allerheiligen-Hofkirche** kam hinzu sowie, außerhalb des eigentlichen Residenzkomplexes, das **Königliche Hof- und Nationaltheater** am Max-Joseph-Platz. Wer sich darauf beschränken will, einen äußeren Eindruck von der Residenz zu gewinnen, sollte mit seiner Besichtigung in der Residenzstraße beginnen. Zwischen den beiden Portalen der maximilianeischen Renaissancefassade steht in einer erhöhten Nische die Bronzestatue der Muttergottes, Patrona Boiariae (von Hans Krumper, 1616). Durch das linke Portal kann man einen Blick in den Kaiserhof werfen, durch das rechte in den **Brunnenhof** gelangen, zum Wittelsbacher Brunnen (geschaffen von Hubert Gerhart, 1611–1614). Im Norden vor dem Hofgarten befindet sich der Festsaalbau im Stil der Hochrenaissance, den Leo von Klenze 1832 bis 1834 errichtete, darin der **Herkulessaal** (Eingang im Hofgarten), der beliebteste Konzertsaal Münchens. Im Süden der ebenfalls von Klenze verantwortete, dem Palazzo Pitti in Florenz nachempfundene **Königsbau** (1826–1835), den sich Ludwig I. als seine ganz persönliche Residenz gestalten ließ. Im Osten hat die Residenz keine repräsentativen Fassaden. Das **Residenzmuseum** (Eingang Max-Joseph-Platz 3) umfasst fürstliche Räume der Renaissance, des Rokoko und des Klassizismus, dazu gehört auch die **Schatzkammer** (▸ S. 103).

Das Zentrum des Rokokoschlösschens Amalienburg (▸ MERIAN-Tipp, S. 82) bildet der kreisförmig angelegte und reich in Blau und Silber ausgeschmückte Spiegelsaal.

Altstadt • Residenzstraße/ Max-Joseph-Platz 2 • U-Bahn: Odeonsplatz

Schloss Nymphenburg 8

▸ S. 140, A 3

Die großzügige Anlage von Schloss und Park haben sich fünf Generationen von Wittelsbachern im Lauf von zwei Jahrhunderten als Sommerresidenz ausbauen lassen. Den Anfang machte Kurfürst Ferdinand Maria, der seiner Gemahlin Henriette Adelheid aus Freude über die Geburt seines Sohnes (Max Emanuel, 1662) die Schwaige Kemnat schenkte und die Architekten Agostino Barelli und Enrico Zuccalli mit der Errichtung eines feudalen Gartenhauses beauftragte (1675 vollendet).

Die stärkste Bautätigkeit herrschte im absolutistischen 18. Jh., als das Schloss mehrfach erweitert und der Park nach französischem Vorbild,

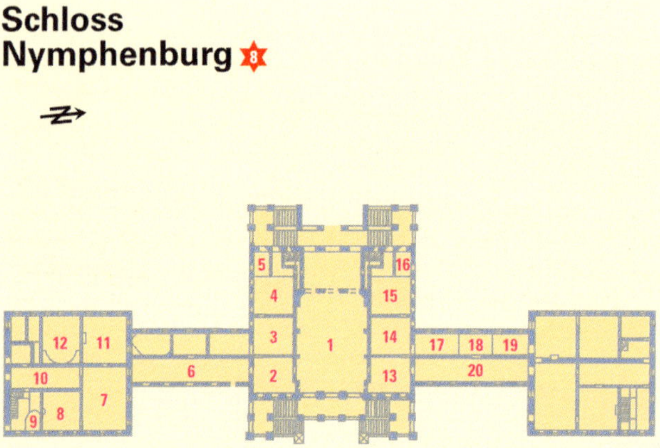

1 Festsaal (Großer oder Steinerner Saal)

Südflügel:
2 Erstes Vorzimmer
3 Zweites Vorzimmer
4 Schlafzimmer
5 Chinesisches Lackkabinett
6 Südliche Galerie

Südlicher Pavillon:
7 Schönheitsgalerie von König Ludwig I.
8 Maserzimmer
9 Kabinett
10 Kleine Galerie
11 Blauer Salon
12 Schlafzimmer, König Ludwig II. wurde hier am 25.8.1845 geboren

Nordflügel:
13 Erstes Vorzimmer
14 Zweites Vorzimmer (Gobelinzimmer)
15 Ehemaliges Schlafzimmer, Kleine Schönheitsgalerie von Kurfürst Max Emanuel
16 Nördliches Kabinett
17 Große Schönheitsgalerie von Kurfürst Max Emanuel
18 Wappenzimmer
19 Karl-Theodor-Zimmer
20 Nördliche Galerie

mit Kanal und Allee, angelegt wurde; Pagodenburg, Badenburg, Magdalenenklause und die Amalienburg folgten. Die letzten Veränderungen wurden Anfang des 19. Jh. vorgenommen, als Ludwig von Sckell im Auftrag des Königs Max I. Joseph die barocke Parkanlage in einen Landschaftsgarten nach englischem Vorbild umgestaltete. Am besten beginnt man mit der Besichtigung des Mittelbaus (dort werden auch die Eintrittskarten verkauft).

Der **Steinerne Saal**, ein zweigeschossiger Rokoko-Festraum, ist der Mittelpunkt des Schlosses (von François de Cuvilliés und Johann Baptist Zimmermann, 1755–1757). Hier befindet sich auch die **Schönheitsgalerie** Ludwig I. Hier sind 36 Porträts von »Münchnerinnen« zu sehen, die der König mehr oder weniger platonisch verehrt hat, darunter die berühmt-berüchtigte Tänzerin Lola Montez, verewigt vom Hofmaler Joseph Stieler (1827–1850).

Von der Empore vor der Westfassade aus hat man einen Blick auf den Park, die strenge Mittelachse mit dem Hauptkanal und der abschließenden Kaskade, mithin auf die »französischen« Partien des Parks, das Große Parterre. Auf beiden Seiten desselben liegen die architektonischen Petitessen – zu bayerisch: Schmankerl – im Park verstreut, so die **Amalienburg** (▸ MERIAN-Tipp, S. 82), ein Jagdschlösschen, das Kurfürst Karl Albrecht für seine Gemahlin Maria Amalia von François de Cuvilliés bauen ließ (1734–1739); die **Badenburg**, von Joseph Effner gebaut (1718–1721), hat ein luxuriöses, heizbares Schwimmbecken; die **Pagodenburg**, ebenfalls von Joseph Effner (1716–1719), verdankt ihren Namen einem im chinesischen Stil gestalteten Obergeschoss mit an die Decke gemalten Pagoden; die **Magdalenenklause** ließ sich Kurfürst Max Emanuel als Eremitage in Form einer künstlichen Ruine mit Grottenkapelle einrichten (1725).

Nach einem Spaziergang durch den Park kann man noch das **Marstallmuseum** im südlichen Vierflügelbau mit seiner Sammlung von Prunkkarossen und Schlitten besuchen.

Nymphenburg • Tram: Schloss Nymphenburg • Tel. 17 90 80 • tgl. im Sommerhalbjahr 9–18, im Winterhalbjahr 10–16 Uhr • Gesamteintritt im Sommer 10 €, erm. 8 €, im Winter 8 €, erm. 6 €

WUSSTEN SIE, DASS ...

... Ludwig I. dem Fürstbischof von München und Freising Folgendes erwiderte, als dieser versuchte, ihm seine Geliebte Lola Montez auszureden? »Bleib' er bei seiner Stola, ich bleib' bei meiner Lola.«

Schloss Schleißheim ▸ S. 123, c 2

Schleißheim liegt zwar nicht mehr im Stadtgebiet (sondern ca. 15 km nördlich), gehört aber nicht weniger zu München als Nymphenburg. Das Alte Schloss geht auf Herzog Wilhelm V. und insbesondere auf den Kurfürsten Maximilian I. zurück, die Schleißheim zu ihrem Sommersitz erwählt hatten. Das 1623 vollendete Schloss im Stil der Renaissance ist heute Sitz zweier Dauerausstellungen zu den Themen »Religiöse Volkskultur« und »Landeskunde Ost- und Westpreußens«.

Etwas weiter östlich wollte Kurfürst Max II. Emanuel 100 Jahre später

Das römisch inspirierte Siegestor (▶ S. 86) wurde im Auftrag Ludwig I. als Ehrenmal für das siegreiche bayerische Heer in den Napoleonischen Befreiungskriegen errichtet.

sein eigenes Schloss errichten. Die Bauarbeiten begannen 1701, wurden durch die Kriegsspiele des Kurfürsten unterbrochen (Spanischer Erbfolgekrieg 1704–1714), 1719 erst wieder aufgenommen und zogen sich noch durch das ganze 18. Jh. hin.

Zahlreiche bedeutende Künstler wie Cuvilliés d. Ä., Johann Baptist Zimmermann, Cosmas Damian Asam, F. J. Beich und Ignaz Günther wurden für die plastische, malerische und stuckatorische Ausstattung gewonnen. Den prachtvollen Treppenaufgang vollendete erst Leo von Klenze im Auftrag Ludwig I. Zu besichtigen sind die Prunkräume des Barock und die Gemäldegalerie (Barockgemälde), eine Dependance der Bayerischen Staatsgemäldesammlung, die hier einen Großteil ihrer Bilder aus dem 17. und 18. Jh. ausgelagert hat.

Die Parkanlage, die sich bis zum Gartenschlösschen **Lustheim** mit seiner Meißener Porzellansammlung erstreckt, entstand zwischen 1693 und 1725. Sie ist das seltene Beispiel eines Parks im »französischen Stil« zur Zeit des Absolutismus.

Schleißheim • S-Bahn: Oberschleißheim • tgl. außer Mo im Sommerhalbjahr 9–18, im Winterhalbjahr 10–16 Uhr • Gesamteintritt 6 €, erm. 5 € • Information: Tel. 3 15 87 20

Siegestor ▶ S. 142, C 8

Der nördliche Abschluss der Ludwigstraße wurde im Auftrag Ludwig I. als Ehrenmal für das bayerische Heer und seine Siege in den Napoleonischen Befreiungskriegen 1814/1815 errichtet. Nach Plänen von Friedrich von Gärtner wurde das einem römischen Vorbild nachempfundene Bauwerk 1850 vollendet. Nach Beschädigung im Zweiten Weltkrieg ist die Südseite im oberen Teil verändert worden und hat eine neue, weniger triumphierende als vielmehr nachdenklich stimmende Inschrift erhalten: »Dem Sieg geweiht, im Krieg zerstört, zum Frieden mahnend« (Wilhelm Hausenstein). Die Inschrift auf der Nordseite »Dem bayerischen Heere« wird allerdings von pietätlosen Passanten als »Dem bayerischen Biere« gelesen. Man muss zugeben, die Verwechslung liegt nahe!

Maxvorstadt/Schwabing • Ludwigstraße • U-Bahn: Universität

St. Anna im Lehel

▸ Klappe vorne, e 3

Johann Michael Fischer, bedeutendster Baumeister des altbayerischen Rokoko, schuf mit der Sankt-Anna-Kirche (geweiht 1737) die erste Rokokokirche in Bayern, deren ovaler Grundriss – Verbindung von Längs- und Zentralraum – (rokoko-)stilbildend wirkte. Auch Cosmas Damian Asam (Fresken), Egid Quirin Asam (Stukkaturen) und andere bedeutende Künstler waren an der Ausschmückung des unverdient unbekannten Kirchen-Kleinods beteiligt. Besonders anrührend ist das Votivbild am Antonius-Altar: die Zerstörung der Kirche im Zweiten Weltkrieg.

Lehel • St.-Anna-Platz 9 • U-Bahn: Lehel

St. Georg in Bogenhausen

▸ S. 147, nördl. F 13

Am rechten Isar-Hochufer steht die bezaubernde kleine Rokokokirche, die nach Plänen von Michael Fischer 1766 bis 1768 errichtet wurde und sich bis heute die bescheidene Ausstrahlung einer Dorfkirche bewahrt hat. Dabei ist ihre Innenausstattung von hohem kunstgeschichtlichen Wert: Johann Baptist Straub (Hochaltar) und Ignaz Günther (Heiligenfiguren) haben bedeutende Werke für die Kirche geschaffen. Auf dem kleinen Friedhof sind vor allem prominente Künstler beigesetzt worden, u. a. Annette Kolb, Erich Kästner, Liesl Karlstadt, Oskar Maria Graf und Rainer Werner Fassbinder. Als einer der Letzten hat der Schauspieler Helmut Fischer, der in München schon jetzt unsterbliche »Monaco Franze«, hier seinen Platz gefunden.

Bogenhausen • Bogenhauser Kirchplatz 1 • Tram: Mauerkircherstraße, Sternwartstraße

Theatinerkirche

▸ Klappe vorne, d 3

Die Kirche St. Kajetan wurde vom Kurfürstenpaar Ferdinand Maria und Henriette Adelheid zum Dank für die lang ersehnte Geburt des Thronerben Max Emanuel (1662) gestiftet. Vorbild ist die Mutterkirche der Theatiner, Santa Andrea della Valle in Rom. Während der Bauarbeiten (1663–1692) wechselte die Bauleitung von Agostino Barelli über Enrico Zuccalli zu Niccolo Spinelli, dem auch die Turmhelm- und Kuppelbekrönung (von Santa Maria della Salute in Venedig angeregt) zu verdanken ist. In der Fürstengruft ruhen die Kurfürsten Ferdinand Maria, Max Emanuel, Max III. Joseph und Karl Theodor, die Könige Max I. Joseph, Maximilian II. und Otto von Griechenland sowie Prinzregent Luitpold und Kronprinz Rupprecht.

Altstadt • Theatinerstr. 22 • U-Bahn: Odeonsplatz • Fürstengruft: Mai–Okt. Mo–Fr 10–13 und 14–16.30, Sa 10–15 Uhr

Tierpark Hellabrunn

▸ Familientipps, S. 62

Im Fokus

Die Allianz-Arena

Mit einem Raumschiff wird Münchens neuestes Fußballstadion gerne verglichen. Seine Fans nennen es ganz einfach die schönste Arena der Welt.

Schon das gleich einmal vorneweg: Die Allianz-Arena (▸ Detailkarte, S. 150) ist nicht der Welt, nicht einmal Deutschlands größtes Fußballstadion. Das modernste Fußballstadion ist es auch nur für ein paar Monate gewesen; dann kam schon wieder das nächste modernste Stadion. Auf alle Fälle, sagen die Münchner, die von Superlativen sonst nichts halten, ist es das schönste Fußballstadion der Welt. Widerspruch zwecklos!

Als Deutschland im Jahr 2000 die Fußball-Weltmeisterschaft zugesprochen bekam, dachten viele Münchner, dass die Stadt kein neues Fußballstadion brauchte. Man hatte ja schon das Olympiastadion mit dem weltberühmten Zeltdach, wo immer die Bundesliga spielte. Wer so dachte, kann vom Fußball nichts verstanden haben. Das bekamen die Ahnungslosen in den folgenden Monaten so oft zu hören, bis sie gelernt hatten, dass ein Fußballstadion eben ein Fußballstadion ist und Leute, die möglichst schnell im Kreis herumlaufen wollen, darin nichts zu suchen haben.

Genialer Entwurf

Wer darüber seufzt, dass sich in Deutschland nichts bewegt, dass die Politik zehn Jahre für eine Rechtschreibreform braucht, die fast alles wieder beim Alten belässt, kann sich trösten: Wenn es um Fußball geht, be-

◂ Spektakuläre Architektur für ein Fußballstadion von Weltrang: die Allianz-Arena (▸ S. 88) in Fröttmaning.

wegt sich hierzulande manches ziemlich flott. Nachdem man sich überraschend schnell auf ein Gelände in Fröttmaning, im äußersten Norden Münchens, geeinigt hatte, erfolgte dort die Grundsteinlegung am 21. Oktober 2002. Nur zweieinhalb Jahre später wurde die Allianz-Arena am 30. April 2005 eröffnet, und im WM-Jahr 2006 wurde ein Spiel der deutschen Nationalmannschaft dort ausgetragen. Die Gesamtinvestition in das Stadion betrug 340 Mio €. Eigentümer waren die beiden Bundesligavereine der Stadt, FC Bayern München und TSV 1860 München, zu jeweils 50 %. Da der TSV 1860 finanziell klamm ist, hat der »Millionärsverein« Bayern München bereits im Jahr 2006 100 % der Anteile übernommen.
Vielleicht das Beste an der Allianz-Arena: Auch fußballferne Menschen können sich an der Anlage erfreuen; den genialen Entwurf lieferte das Schweizer Architekturbüro Jacques Herzog & Pierre de Meuron. Ein oft bemühter Vergleich für das Fußballstadion: wie ein in der Fröttmaninger Heide aufgesetztes Raumschiff nach einer sanften Landung!

Geheimnisvoller Rundkörper

Noch vor zehn Jahren hätte sich kaum ein Mensch vorstellen können, dass dieser geheimnisvolle Rundkörper allein zu dem Zweck geschaffen worden ist, 22 Männer einem Ball nachlaufen und 69 000 (ebenfalls überwiegend) Männer dabei zuschauen zu lassen. Vor allem die spektakuläre Außenhaut war derart gewöhnungsbedürftig, dass in den Medien auch von »Schwimmreifen« oder »Kloschüssel« die Rede gewesen ist. Diesen Eindruck erzeugen 2800 rautenförmige, transparente Luftkissen, die weiß, rot oder blau leuchten, je nachdem, ob die deutsche Nationalmannschaft, die »Bayern« oder die »Löwen« (TSV 1860) spielen. Mittlerweile sind sich längst alle darüber einig, dass München mit der Allianz-Arena ein neues Markenzeichen und neben dem Olympiastadion eine zweite Sportstätte von Weltrang bekommen hat. Das Stadion kann übrigens auch besichtigt werden: Im Rahmen der »Fan-Tour« geht es zu den Spielerkabinen, die »VIP-Tour« führt zur Trainerbank und die »Kids-Tour« zum Torwandschießen. Auch für Rollstuhlfahrer gibt es einen Parcours.

Stadion in Zahlen

Das Oval ist 258 m lang, 227 m breit und 50 m hoch. Zu den auf drei steil ansteigende Ränge verteilten 66 000 Sitzplätzen kommen noch die Stehplätze sowie 2200 Business-Sitze und 400 Presseplätze. Mit 9800 Stellplätzen auf fünf Ebenen hat die Allianz-Arena zudem das größte zusammenhängende Parkhaus Europas. Trotzdem warnen die Veranstalter vor der Anfahrt mit dem Auto und empfehlen die U-Bahn – auch wenn es unmittelbar vor und nach den Spielen drangvoll eng in den Wagen wird. Dafür hat man vom Bahnhof noch einen hübschen Zwölf-Minuten-Weg zum Stadion; der fördert die Vorfreude.

Fröttmaning • Werner-Heisenberg-Allee 25 • U-Bahn: Fröttmaning • Arena-Touren tgl. ab 9.30 Uhr, außer an den Spieltagen • Infos: Tel. 0 18 05/ 55 51 01 • www.allianz-arena.de

▸ S. 143, nördl. F 5

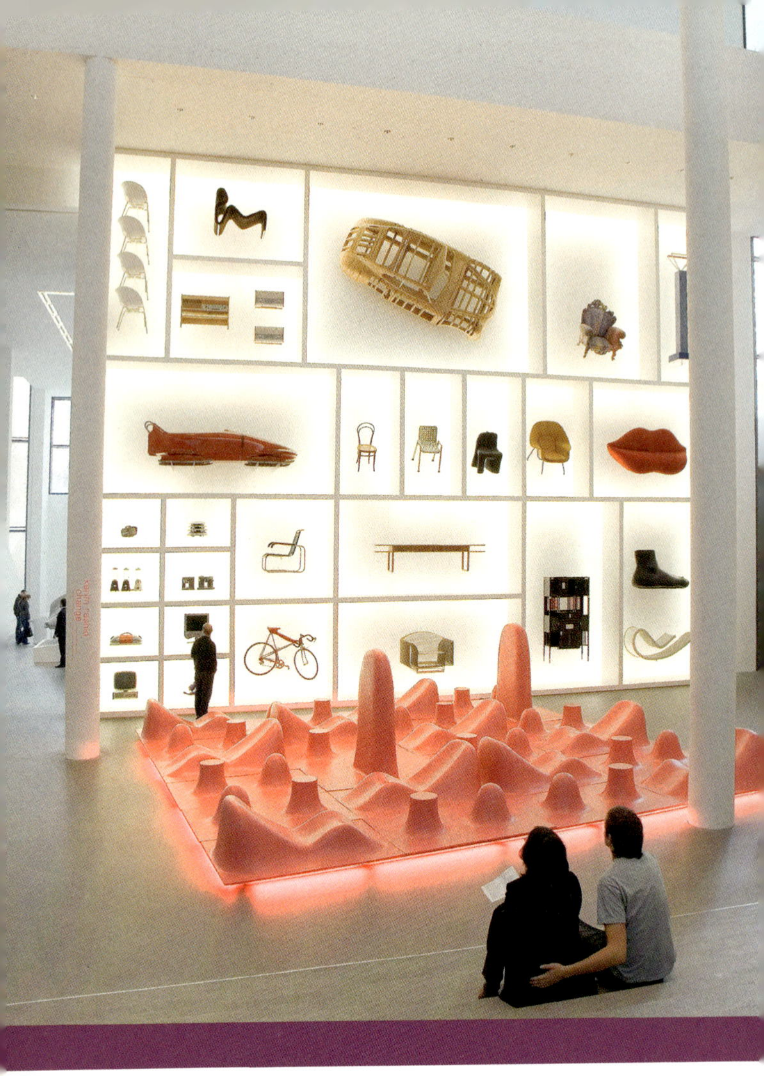

Museen und Galerien Antike Vasen und Barockengel gibt es ebenso zu bestaunen wie moderne Malerei, Autos oder Gentechnik: Münchens Museen bergen Schätze aus drei Jahrtausenden.

◂ Klar, dass sich gerade die Neuzeit in der Pinakothek der Moderne (▸ S. 101) in vielen Facetten widerspiegelt.

Die Kunststadt München ist eine Schöpfung König Ludwig I. Doch auch die Wittelsbacher Fürsten vor ihm sind schon eifrige Sammler und Kunstliebhaber gewesen. Sie haben entscheidend dazu beigetragen, dass München mit insgesamt 46 öffentlichen Sammlungen die Stadt mit der höchsten Museumsdichte in Deutschland ist – von Berlin einmal abgesehen.

Es ist nicht erst ein Symptom unserer Zeit, dass Museumsbauten auch als Schöpfungen der Architektur programmatisch gemeint sind, dass sie den Zeitgeist sichtbar machen sollen. Das gilt insbesondere für die Museen, die in der Ära Ludwig I. entstanden sind und damals schon Weltrang beanspruchen durften. Dazu gehören die **Alte Pinakothek** 9, aber auch die klassizistischen Bauten im griechischen Stil der **Glyptothek** und der **Staatlichen Antikensammlung**. Internationale Spitzenklasse haben die **Neue Pinakothek** 9, die **Pinakothek der Moderne** 9 und das **Deutsche Museum** 10. Wer Lokalkolorit und spezifisch Münchnerisches sucht, wird es mit all seinen vielfältigen Beziehungen im **Lenbachhaus** und in der **Stuck-Villa**, im **Stadtmuseum** oder im **Valentin-Karlstadt-Musäum** finden.

Wie viele andere deutsche Städte hat auch München seine »Lange Nacht der Museen«. Seit 1999 findet sie jährlich im Herbst statt. Mehr als 90 Museen, Galerien, Sammlungen und andere Institutionen öffnen dann von 19 bis 2 Uhr ihre Pforten für Kunst- und Kulturinteressierte. Zwischen den beteiligten Stätten verkehren auf vier Museumsrouten Shuttlebusse im 10-Min.-Takt. Das Lange-Nacht-Ticket kostet 15 €.

MUSEEN

Alpines Museum des Deutschen Alpenvereins

▸ Klappe vorne, f 5

Auf der Praterinsel hat man die Welt der Berge in ein Großstadtmuseum geholt. Eine kulturgeschichtlich aufschlussreiche Sammlung von Gemälden, Zeichnungen und Fotos belegt die Faszination der Alpen, die sich im Lauf der Jahrhunderte immer weiter gesteigert hat. Dokumente und Ausrüstungsgegenstände stellen Eroberung und Erschließung der Berge durch Verkehr, Handel, Tourismus und Sport dar. Im ausgedehnten Garten, der romantisch von der Isar umrauscht wird, lassen sich weitere alpine Entdeckungen machen. Kinderaktionen und Familienführungen.

Lehel • Praterinsel 5 • U-Bahn: Lehel, Tram: Mariannenplatz, Maxmonument (keine Parkplätze auf der Insel) • Di–Fr 13–18, Sa, So 11–18 Uhr • Eintritt 4,50 €

Alte Pinakothek 9

▸ Klappe vorne, b 1

Eines der ältesten Museen der Welt und eine der bedeutendsten Gemäldesammlungen Europas. Auftraggeber war König Ludwig I. – mit der Absicht, den umfangreichen Kunstbesitz, den seine Vorfahren angehäuft hatten, »seinem Volk zu Genuss und Belehrung« zugänglich zu machen. Der mächtige Bau ist nach den Plänen des Hofarchitekten Leo von Klenze zwischen 1826 und 1836 errichtet worden.

Ein Blickfang: das Treppenhaus in der Alten Pinakothek (▸ S. 91).

Mit insgesamt 800 Gemälden sind fünf Jahrhunderte europäischer Malerei (14.–18. Jh.) im Museum vertreten. Schwerpunkte der Sammlung sind die Altdeutsche und die Altniederländische Malerei des 15. Jh., die Malerei der (deutschen) Dürerzeit und der (italienischen) Renaissance, die flämische Malerei mit der weltweit besten Rubens-Auswahl, ferner die französische Malerei des 17. und 18. Jh., glanzvoll repräsentiert durch Claude Lorrain, François Boucher und Jean-Baptist Chardin, sowie die Spanische Schule mit El Greco, Diego de Salva Velasquez und Bartolomé E. Murillo.

Es ist nicht möglich, die wertvollsten oder »besten« Gemälde hervorzuheben. Doch kann man die Bilder nennen, vor denen jede Besuchergruppe Halt macht und die auch der eiligste Museumsgast gesehen haben will: Dürers »Vier Apostel« und sein christusähnliches Selbstbildnis, »Die Begegnung der Heiligen Erasmus und Mauritius« von Matthias Grünewald, Altdorfers »Alexanderschlacht«, eine Auftragsarbeit für Herzog Wilhelm IV.

Die Großmeister der Renaissance sind mit einigen Hauptwerken vertreten: Leonardo da Vinci mit einer »Maria mit dem Kinde«, ein Bild, das durch die atmosphärische Auflösung der Lokalfarben und die fantastische Hintergrundlandschaft berühmt geworden ist, Raffael mit seiner »Madonna Tempi« sowie Tizians ausdrucksstarkes Porträt von Kaiser Karl V. und der schon erkennbar seinem Spätwerk angehörenden »Dornenkrönung«. Von der überbordenden Produktivität eines Peter Paul Rubens kann man sich ein Bild machen und sich ein Urteil darüber zu bilden suchen, ob ihm wohl eher geistliche Themen – wie das »Jüngste Gericht« – oder weltliche Motive – wie das »Selbstbildnis mit Isabella Brandt in der Geißblattlaube« – das Letzte und Beste abgefordert haben. Auch Anthonis van Dyck ist reich vertreten, ebenfalls mit weltlichen – »Susanna im Bade« – und geistlichen – »Ruhe auf der Flucht nach Ägypten« – Motiven. Über den großformatigen Werken sollte man die kleineren nicht übersehen, so etwa Adam Elsheimers »Flucht nach Ägypten« (Kabinett 11).

Geistige Mitte der »Holländer Kolonie« ist Rembrandts Passionszyklus, in dem sich das unter Nüchternheit verborgene Sentiment des Meisters mit der großen Geste des Barock vereinigt. Zu den Stars unter den Werken der Franzosen zählen Nicolas Poussins »Beweinung Christi«, Claude Lorrains »Verstoßung der Hagar« und »Seehafen bei aufgehender Sonne« sowie Bouchers »Bildnis der Madame de Pompadour«. Zu den populärsten Werken gehören die »Trauben- und Melonenesser« des Spaniers Murillo. Nicht zu vergessen Michael Pachers Kirchenväter-Altar. Die Kölner Malerei des 15. Jh. ist mit der um 1420 gemalten Tafel eines unbekannten Meisters vertreten.

Maxvorstadt • Barerstr. 27 • U-Bahn: Theresienstraße, Tram: Pinakotheken • www.pinakothek.de • tgl. außer Mo 10–18, Di 10–20 Uhr • Eintritt 13 €, erm. 10,50 €, So 1 €

Antikensammlung und Glyptothek ▸ Klappe vorne, b 1/2

Die beiden prächtigen Gebäude stehen sich am Königsplatz gegenüber. Gemeinsam bergen sie die reichste Sammlung antiker Kunst des Landes. Die **Antikensammlung** an der Südseite des Königsplatzes ist als Tempelbau mit acht korinthischen Säulen von Georg Friedrich Ziebland gebaut worden (1838–1848). Hier ist der einstige Wittelsbacher Besitz an griechischen Vasen, etruskischer und griechischer Töpferkunst sowie griechischer, etruskischer und römischer Kleinplastik (Goldschmuck, Glas, Silber, Terrakotten, Bronzen) zusammengetragen worden. Von Fachleuten wie Laien gleichermaßen geschätzt sind die attischen Vasen aus dem 6. und 5. Jh. v. Chr., so auch die Sammlungen an griechischem und etruskischem Goldschmuck, speziell die granulierten Schmuckstücke aus dem 6. Jh. Der klassische griechische Schmuck ist durch Beispiele aus der Zeit Alexander des Großen vertreten.

Maxvorstadt • Königsplatz 1 • U-Bahn: Königsplatz • tgl. außer Mo 10–17, Mi 10–20 Uhr • Eintritt 3,50 €, erm. 2,50 €, So 1 €

Die Glyptothek (▸ S. 94) am Königsplatz ist einer der steingewordenen Träume des kunstbeflissenen und für die Antike begeisterten Königs Ludwig I.

Die **Glyptothek** an der Nordseite des Königsplatzes gilt als der gelungenste Museumsbau des Architekten Leo von Klenze. Im Auftrag des damaligen Kronprinzen und späteren Königs Ludwig I. errichtet, ist sie 1830 eröffnet worden und hat entscheidend zu Münchens Ruf als Kunststadt und »Isar-Athen« beigetragen. Die Skulpturensammlung birgt 160 Plastiken, die frei aufgestellt sind. Der Rundgang durch die 13 um einen Lichthof gruppierten Säle beginnt bei den griechischen Jünglingsstatuen der archaischen und hellenistischen Epoche und endet mit römischen Skulpturen und Reliefs der Kaiserzeit. Als wertvollster Besitz der Glyptothek gelten die weltberühmten Aegineten, spätarchaische Skulpturen aus den Giebeln des Aphaia-Tempels auf der Insel Aegina (um 500 v. Chr.), 1811 ausgegraben, seit 1827 in München. Zum Stolz der Sammlung gehören ferner zwei originale Männerstatuen vom Schema des Kuros und das Grabrelief der Mnesarete. Neben römischen Kopien nach Originalen der griechischen Klassik stehen bedeutende Werke des Hellenismus. Schließlich zählen der Apollo von Tenea, der Barberinische Faun und die Porträt-Büste des Kaisers Augustus zu den Glanzstücken der Sammlung.

Maxvorstadt • Königsplatz 3 • U-Bahn: Königsplatz • tgl. außer Mo 10–17, Do 10–20 Uhr • Eintritt 3,50 €, erm. 2,50 €, So 1 €, Kombiticket mit Antikensammlung 5,50 €, erm. 3,50 €

Archäologische Staatssammlung

🚸 ▸ Klappe vorne, f 2

Das vormalige Museum für Vor- und Frühgeschichte stellt die Entwicklung Bayerns von der Altsteinzeit über die römische Epoche bis ins frühe Mittelalter dar. Klingt trocken. Doch werden die Objekte (Goldschätze, reiche Grabausstattungen, Waffen) so anregend ausgebreitet, dass sich auch Kinder fasziniert über die Schaukästen beugen. Eine Abteilung zeigt Funde aus der keltischen Großsiedlung Manching.

Das Museum hat viel Platz und strahlt eine große Ruhe aus, hier kann jeder noch echte Entdeckungen machen! Es werden auch Aktionstage für Familien mit Kindern angeboten.

Lehel • Lerchenfeldstr. 2 • U-Bahn: Lehel, Tram: Nationalmuseum/Haus der Kunst • tgl. außer Mo 9.30–17 Uhr • Eintritt 2 €, So 1 €

Bayerisches Nationalmuseum

▸ Klappe vorne, f 2

Der Museumsbau ist 1894 bis 1900 von Gabriel von Seidl errichtet worden und enthält eine umfangreiche Sammlung von Zeugnissen vorwiegend der bayerischen, aber auch der europäischen Kulturgeschichte, die von der römisch-keltischen Zeit bis zum 19. Jh. reichen.

Das Museum ist in zwei Bereiche aufgeteilt: einmal in die kunstgeschichtlichen Sammlungen mit den Fachabteilungen Porzellan, Fayencen, Glasgemälde, Barock-Skizzen, Miniaturen, Elfenbein, Majolika, Steinzeug und Uhren; zum anderen in die volkskundlichen Sammlungen 🚸 mit den Fachabteilungen Bauernstuben, Hafnerkeramik, bäuerliches Handwerk, Krippen. Die umfangreiche Krippensammlung und Europas größte Elfenbeinsammlung sind Publikumsattraktionen.

Am meisten besucht werden die Säle, die den Werken der Bildhauer

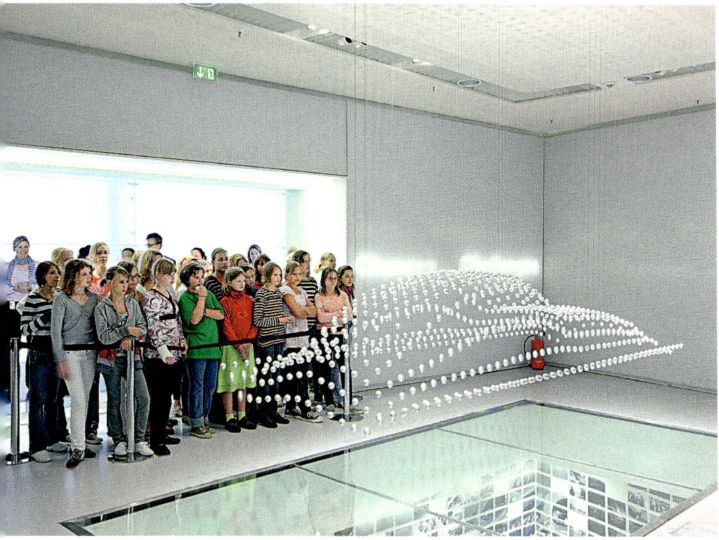

Die BMW Welt (▸ S. 95) in unmittelbarer Nähe der Konzernzentrale versteht sich als eine Kombination aus Ausstellungs-, Erlebnis-, Museums- und Eventstätte.

Hans Leinberger und Tilman Riemenschneider, der Spätgotik um 1500 und Ignaz Günther gewidmet sind. Stadtmodelle von Jakob Sandtner befinden sich in Saal 47, die Porzellansammlung mit Franz Anton Bustellis Commedia-dell'arte-Figuren in Saal 37. Es gibt auch Waffen, Trachten und zeitgenössisches Mobiliar zu sehen.

Lehel • Prinzregentenstr. 3 • U-Bahn: Lehel • tgl. außer Mo 10–17, Do 10–20 Uhr • Eintritt 5 €, So 1 €

BMW Museum in der BMW Welt

▸ S. 142, A 5

Dynamik, Sportlichkeit, Eleganz und Leidenschaft sind die bestimmenden Elemente des Museums, weil es auch die Elemente sind, die BMW in der Sicht ihrer Hersteller auszeichnen. In einer Art »Zeitreise« wird in 25 Ausstellungsbereichen die Entwicklung der Marke BMW vom Anfang 1917 bis in die Gegenwart und in die Zukunft präsentiert – selbstverständlich mit allen Auto- und Motorradmodellen, die bei BMW jemals gebaut worden sind. Die charakteristische, weltbekannte Museumsschale bietet die aktive Auseinandersetzung mit ausgewählten Exponaten – ein Programm, das auch bei Kinder- und Jugendgruppen super ankommt.

Mit der **BMW Welt** nebenan ist nun ein weiterer visionärer Akzent im modernen Stadtbild entstanden. Das architektonisch zukunftweisende Baukunstwerk des Architektenteams Coop Himmelb(l)au ist sozusagen das Portal zur Marke BMW. Unter dem von nur elf Stützen getragenen, 16 000 qm großen Dach wird die Übergabe der neuen Autos an die Kunden »als unvergessliches Erlebnis inszeniert«. Hier beginnt auch die Tour der Werkführung, die den Besuch im neuen BMW Museum einschließt. Von der Sonnenterrasse hat man einen überraschend schönen Blick auf das benachbarte Olympiagelände und kann sich selbst ein Bild von der »Aufwertung des (lange vernachlässigten) Münchner Nordens« machen.

Olympiapark • Am Olympiapark 2 • U-Bahn: Olympiazentrum • www.bmw-welt.com • Di–So 10–18 Uhr • Eintritt 12 €, erm. 6 €, mit Führung 15 €

Deutsches Jagd- und Fischereimuseum

▸ Klappe vorne, c 4

Die beiden Museen gehören zu den bedeutendsten Sammlungen ihrer Art in Deutschland und sind in den Räumen der einstigen Augustinerkirche untergebracht. Ein bronzener Keiler und ein Wels am Eingang weisen den Weg. Im Jagdmuseum findet man 500 Wildtiere in Großdioramen, Jagdwaffen aus vier Jahrhunderten, Jagdutensilien, -gemälde, Prunkschlitten und eine Streichelecke für Blinde und Kleinkinder.

Im Fischereimuseum sind alle Süßwasserfische als Präparate vertreten, zum Teil in Rekordgrößen; außerdem Fischereigeräte von der Urzeit bis zur Gegenwart.

Altstadt • Neuhauser Str. 2 • U-/S-Bahn: Karlsplatz, Marienplatz • www.jagd-fischerei-museum.de • tgl. 9.30–17, Do 9.30–21 Uhr • Eintritt 3,50 €, erm. 2,50 €, Familien 7 €

Deutsches Museum 10

▸ Klappe vorne, e 6

Auf 45 000 qm und anhand von 17 000 Objekten aller Art werden hier die Grundprinzipien und die Entwicklung von Naturwissenschaft und Technik dargestellt. So ist das Museum auf der Isarinsel mit das größte und bedeutendste technische Museum der Welt mit den meisten Besuchern (ca. 1,5 Mio. pro Jahr) in Deutschland. Es ist 1903 von Oskar von Miller gegründet und 1925 eröffnet worden. Ein (theoretischer) Rundgang durch die insgesamt 53 Abteilungen wäre 17 km lang!

Das Deutsche Museum wirkt beispielhaft, weil es »Technik zum Anfassen« bietet. Neben den historischen Originalen sind vor allem die vom Besucher selbst zu bedienenden Demonstrationseinrichtungen von großer Anziehungskraft und didaktischem Wert. Zu den meistbesuchten Objekten gehören: das Planetarium in der Kuppel mit den simulierten Bewegungen der Gestirne; das erste deutsche U-Boot; Originalapparate von Ohm, Ampere, Hertz und Röntgen sowie Demonstrationen von Blitzen und dem Faradaykäfig in der Hochspannungsanlage. Zu den »aktuellsten« Abteilungen der über sechs Stockwerke verteilten Sammlung zählen u. a. Raumfahrt, Umwelt, Informatik, Mikroelektronik und Zeitmessung. Die Benutzung der Bibliothek mit 700 000 Bänden und Fotoarchiv ist frei.

Mit der Verlegung der Fahrzeugsammlung in das »Verkehrszentrum« wurde auf der Museumsinsel Platz gewonnen für das »Zentrum Neue Technologien« sowie für das »Kinderreich«, wo Kindern zwischen vier und zehn Jahren auf spielerische Art technische Zusammenhänge verständlich gemacht werden. Wahrzeichen des Deutschen Museums ist sein 65 m hoher Turm. Innen

im Turm schwingt an einem 65 m langen Metallfaden – als anschaulicher Beweis für die Erdrotation – das berühmte Foucaultsche Pendel.
Isarvorstadt • Museumsinsel 1 • S-Bahn: Isartor, Tram: Deutsches Museum • www.deutsches-museum.de • tgl. 9–17 Uhr • Eintritt 8,50 €, erm. 7 €, Familien 17 €, Kombiticket (mit Verkehrszentrum und Flugwerft) 17 €

Deutsches Museum, Flugwerft Schleißheim ▸ S. 123, c 2

In den historischen Gebäuden der einstigen Flugwerft (in unmittelbarer Nähe der Schleißheimer Schlösser) sind viele interessante Objekte der modernen Luft- und Raumfahrt zu sehen.
Oberschleißheim, Effnerstr. 18 • S-Bahn: Oberschleißheim, ca. 15 Min. Fußweg • tgl. 9–17 Uhr • Eintritt 6 €, erm. 3 €

Deutsches Museum, Verkehrszentrum ▸ S. 145, E 10

In den drei historischen Messehallen präsentiert das Deutsche Museum seine einzigartige Sammlung von Landfahrzeugen: Automobile aller Art und jeden Jahrgangs, Motorräder, Postkutschen, Straßenbahnen, U-Bahnen, die Pilatusbahn, älteste Zahnradbahn der Welt ebenso wie den Hochgeschwindigkeitszug – eben alles, was auf Rädern rollt oder jemals gerollt ist! Faszinierend wird auch demonstriert, wie der Wunsch nach Beschleunigung den menschlichen Erfindergeist beflügelt hat. In einer Spielecke können Kinder nach Herzenslust bauen oder Bobbycar fahren. Die drei Hallen stehen übrigens unter Denkmalschutz: Halle III war eine der größten frei tragenden Eisenbetonbauten Europas!
Schwanthalerhöhe • Theresienhöhe 14 a • U-Bahn: Schwanthalerhöhe •

Einer der Höhepunkte im Deutschen Museum (▸ S. 96) ist das Thema Luftfahrt und die beeindruckende Ausstellung der »Fliegenden Kisten«.

tgl. 9–17, Do 9–20 Uhr • Eintritt 6 €, erm. 4 €

Haus der Kunst ▸ Klappe vorne, e 2

Ein repräsentativer Bau aus der Zeit des Dritten Reiches, 1937 als »Haus der Deutschen Kunst« eingeweiht. Der Schwerpunkt der Ausstellungen liegt auf zeitgenössischen und avantgardistischen Exponaten. Hier kann man sich Besucher murmelnd fragen hören: »Ist das denn noch Kunst?« Eben das ist beabsichtigt!

Lehel • Prinzregentenstr. 1 • Tram, Bus: Haus der Kunst • www.hausderkunst.de • tgl. (auch feiertags) 10–20, Do 10–22 Uhr • Kombiticket für alle laufenden Ausstellungen 10 €, erm. 7 €

WUSSTEN SIE, DASS …

… bei der Grundsteinlegung zum Haus der Kunst der silberne Hammer zerbrach, mit dem Hitler den Grundstein setzen sollte? Das Volk deutete das als böses Omen für das Gebäude.

Jüdisches Museum

▸ Klappe vorne, c 5

Das im Frühjahr 2007 eröffnete neue Jüdische Museum ist einer der drei eindrucksvollen Baukörper, die zum **Jüdischen Zentrum** 3 am St.-Jakobs-Platz zusammengewachsen sind. Neben der neuen Hauptsynagoge und dem Gemeindezentrum der Israelischen Kultusgemeinde ist das städtische Museumsgebäude als frei stehender Kubus konzipiert. Auf drei Ausstellungsebenen spiegelt das Museum die ganze Vielfalt jüdischer Geschichte und Kultur in München und Oberbayern wider, einschließlich der aktuellen Situation auf kulturellem, sozialem und künstlerischem Gebiet. Auch eine kleine Bibliothek ist allgemein zugänglich.

Altstadt • St.-Jakobs-Platz 16 • U-/S-Bahn: Marienplatz • www.juedisches-museum.muenchen.de • Di–So 10–18 Uhr • Eintritt 6 €, erm. 3 €

Kunstareal München

▸ Klappe vorne, b1–c1

Eine unbefriedigende Bezeichnung für eine großartige Sache: Die drei benachbarten Pinakotheken, die Alte (▸ S. 91), die Neue (▸ S. 100) und die Moderne (▸ S. 101), bereichert durch die Sammlung Brandhorst (▸ S. 99), bilden einen einzigartigen Museumskomplex mit Exponaten vom Mittelalter bis in unsere Zeit! In der nächsten Umgebung befinden sich außerdem am Königsplatz die Antikensammlung und Glyptothek (▸ S. 93) sowie die Städtische Galerie im Lenbachhaus (▸ S. 104), ferner das Museum für Abgüsse Klassischer Bildwerke. Nächster Kandidat für den »Einzug ins Kunstareal« wird die Ägyptische Staatssammlung sein. Aber Vorsicht und mit Maßen genießen! Wer zu viel Kunst an einem Tag konsumieren will, tut sich keinen Gefallen, wird sich – pardon! – überfressen! Weniger ist mehr!

Maxvorstadt • Barerstr. 29, Eingang Theresienstraße • U-Bahn: Theresienstraße, Tram: Pinakotheken • Öffnungszeiten und Preise siehe www.pinakothek.de

Kunsthalle der Hypo-Kulturstiftung

▸ Klappe vorne, c 3

Bedeutende Ausstellungen, fast immer große Publikumserfolge; exzellente Lage in den Fünf Höfen.

Altstadt • Theatinerstr. 8 • U-Bahn: Odeonsplatz • www.hypo-kunsthalle.de • tgl. 10–20 Uhr • Eintrittspreise je nach Ausstellung

Marstallmuseum ▸ S. 140, A 3

In der ehemaligen Hofwagenburg der Wittelsbacher sind Prunkkarossen, Schlitten, Pferdegeschirre und Reitausrüstungen zu besichtigen.
Nymphenburg • Im Südflügel von Schloss Nymphenburg • Tram: Schloss Nymphenburg • tgl. 9–18, im Winter 10–16 Uhr • Marstallmuseum 4 €, Kombiticket (mit Schloss Nymphenburg) 10 €

Münchner Stadtmuseum

▸ Klappe vorne, c 5

Anlässlich des Münchner Stadtjubiläums ist das Museum gründlich runderneuert worden. Sein Herzstück ist jetzt die ständige Ausstellung »Typisch München!«, welche die Kulturgeschichte Münchens von ihrer Gründung bis zur Gegenwart dokumentiert. Hier sind auch die berühmtesten Objekte der Sammlung wie die Moriskentänzer von Erasmus Grasser (um 1480) und eine Kopie des Sandtnerschen Stadtmodells (um 1570) zu sehen sowie andere Merkwürdigkeiten (z. B. Rüstungen, Waffen), die auch für Kinder interessant sind. Andere Abteilungen des weitläufigen Museums informieren über »Nationalsozialismus in München«, das immerhin Geburtsort der Partei, viele Jahre ihr Machtzentrum und schließlich »Hauptstadt der Bewegung« gewesen ist. Aber auch Zeugnisse des Widerstands und der Verfolgung werden gezeigt.
Im Filmmuseum werden historisch bedeutende Filme gezeigt – ein Muss für jeden Cineasten!
Altstadt • St.-Jakobs-Platz 1 • U-/S-Bahn Marienplatz • Di–So 10–18 Uhr • Eintritt 4 €, erm. 2 €, Familien 6 € • Infos über aktuelle Veranstaltungen, Konzerte etc. auch im Internet unter www.stadtmuseum-online.de

Das Haus der Kunst (▸ S. 98) zeigt international renommierte Wechselausstellungen.

Münzsammlung

▸ Klappe vorne, d 3

Gezeigt werden Münzen, Medaillen, Geldzeichen, Plaketten aller Zeiten und Länder (in der Residenz).
Altstadt • Residenzstr. 1 • U-Bahn: Odeonsplatz • tgl. 10–17 Uhr, Mo geschl. • Eintritt 2,50 €, erm. 2 €, So und feiertags 1 €

Museum Brandhorst

▸ Klappe vorne, c 1

Münchens jüngstes Kunstmuseum steht nicht nur in engster Nachbarschaft zur Pinakothek der Moderne, es ist ihr auch inhaltlich verwandt. Die Stifter der eindrucksvollen Sammlung, die dem Museum ihren Namen geben, Udo und Anette Brandhorst, haben weit mehr als 700 Werke wegweisender Künstler des 20. Jh. zusammengetragen: Historisch setzt ihre Sammlung mit Werken von Picasso, Malewitsch und Schwitters ein; die von Picasso illustrierten (112!) Bücher sind fast vollständig zu sehen. Weitere Schwerpunkte sind: Cy Twombly, Andy Warhol, Sigmar Polke, Mike Kelley, Bruce Naumann, Damian Hirst. Mit Joseph Beuys, Jannis Kounellis, Alex Katz, Georg Baselitz und Erik Fischl werden aber auch andere Positionen in der Entwicklung der Moderne präsentiert. Im Anschluss an die Pinakothek der Moderne entsteht hier ein opulentes Tableau der Kunst des 20. und beginnenden 21. Jh., das in Deutschland und wohl auch in Europa seinesgleichen sucht. Allein wegen der Bilder von Cy Twombly, den man hier besser kennenlernen kann als irgendwo sonst in Europa, lohnt sich ein Besuch.

Maxvorstadt • Theresienstr. 35a • U-Bahn: Universität, Tram: Pinakotheken • tgl. außer Mo 10–18, Do 10–20 Uhr • Eintritt 7 €, erm. 5 €, So 1 €

Museum Mensch und Natur

▸ S. 140, A 3

Eine bemerkenswerte Sammlung im Schloss Nymphenburg mit ständigen Ausstellungen, z. B.: Planet Erde – Bunte Welt der Minerale – Die Geschichte des Lebens – Spielerische Naturkunde – Nerven und Gehirn. Nicht nur für Kinder interessant!

Nymphenburg • Schloss Nymphenburg, Nordflügel • Tram: Schloss Nymphenburg • Di, Mi und Fr 9–17, Sa, So 10–18 und Do 9–20 Uhr • Eintritt 3 €, So 1 €

Neue Pinakothek 9

▸ S. 142, B 8

Auch sie geht auf die umfassende Sammeltätigkeit Ludwig I. zurück. Im letzten Krieg zerstört, ist sie 1981 als viel diskutierter Neubau wieder eröffnet worden. Mit ihren Beständen von Werken des 19. Jh. vermittelt die Gemäldesammlung einen umfassenden Überblick über die Entwicklung der europäischen Malerei, beginnend mit der Britischen Schule des ausgehenden 18. Jh. bis hin zu Postimpressionismus und Jugendstil. Der Rundgang folgt der Nummerierung der Säle von 1–22/22 a entsprechend der Chronologie. Er beginnt mit den Repräsentanten der internationalen Kunst um 1800 (Jacques-Louis David, Francisco José de Goya, Thomas Gainsborough, William Turner). Es folgen die Schulen der Romantik mit ihren führenden Meistern, so Dresden mit Caspar David Friedrich und seinem Kreis, Berlin mit Karl Blechen und Karl Friedrich Schinkel, München mit seinen Landschaftsmalern Johann Georg von Dillis über Wilhelm von Kobell bis Carl Rottmann. Dazu kommen die Nazarener und die Spätromantiker wie Moritz von Schwind; dann die französische Avantgarde mit Theodore Géricault, Eugène Delacroix, Camille Corot, Jean-François Millet und Gustave Courbet sowie die deutschen Realisten der Jahrhundertmitte mit Adolph von Menzel, Carl Spitzweg, Eduard Schleich. Es folgen die Säle der Historienmaler um den »Monumentalisten« Karl von Piloty, die Malerei der Gründerzeit mit Hans

Im Museum Brandhorst (▸ S. 99) sind mehr als 700 Werke wegweisender Künstler des 20. Jh. zu sehen, inhaltlich nahe verwandt mit der Pinakothek der Moderne.

Makart an der Spitze, die Individualisten Hans von Marées, Arnold Böcklin, Anselm Feuerbach, Hans Thoma sowie Wilhelm Leibl und sein Kreis.

International kündigt die Moderne sich mit den französischen Impressionisten (Edouard Manet, Claude Monet, Edgar Degas, Auguste Renoir, Camille Pissarro) an sowie mit dem ruhmreichen Dreigestirn Cézanne, van Gogh und Gauguin. Die zeitgleiche Malerei in Deutschland wird repräsentiert durch Max Liebermann, Max Slevogt, Fritz von Uhde, Lovis Corinth, Heinrich von Zügel. Der Rundgang endet bei den Vertretern des Symbolismus und des Jugendstils (u. a. Max Klinger, Gustav Klimt, Ferdinand Hodler, Franz von Stuck, Henri Toulouse-Lautrec, Pierre Bonnard und Paul Signac).

Maxvorstadt • Barerstr. 29 • U-Bahn: Theresienstraße, Tram: Pinakotheken • www.pinakothek.de • tgl. außer Di 10–18, Mi 10–20 Uhr • Eintritt 7 €, erm. 5 €, So 1 €

Nymphenburger Porzellan-Sammlung Bäuml ▸ S. 140, A 3

Nahezu lückenlos wird die Produktion der berühmten Porzellan-Manufaktur Nymphenburg zwischen der Gründung 1747 bis zu den Zwanzigerjahren des letzten Jahrhunderts präsentiert. Spitzenleistungen der Porzellankunst sind die 16 Figuren der Commedia dell'Arte von Franz Anton Bustelli. Im Südflügel des Schlosses (▸ S. 84).

Nymphenburg • Tram: Schloss Nymphenburg • April–Okt. tgl. 9–18, Nov. 10–16 Uhr • Eintritt 4 €, erm. 3 €

Pinakothek der Moderne 9

▸ Klappe vorne, c 1

Eines der weltweit größten Museen für Kunst, Grafik, Architektur und

Design des 20. und 21. Jh., nach einem bemerkenswerten Entwurf des Architekten Stephan Braunfels. Das offene und großzügig gestaltete Bauwerk lädt ein, Zusammenhänge zu entdecken und neue, überraschende Einblicke zu gewinnen.

Im **Obergeschoss** gibt die »reine Kunst« den Ton an. Das Spektrum reicht von den wichtigsten Avantgarde-Bewegungen des frühen 20. Jh. (Die Brücke, Blauer Reiter) und den bedeutendsten Künstlern wie Pablo Picasso, Max Beckmann, Paul Klee, Max Ernst, René Magritte und Salvador Dalí über Joseph Beuys, Andy Warhol und Georg Baselitz bis hin zur Gegenwart mit Installationen von Olaf Metzel, Pipilotti Rist und anderen.

Im **Erdgeschoss** zeigt die **Staatliche Graphische Sammlung** einen Querschnitt ihrer Bestände und Meisterwerke aus fünf Jahrhunderten, wobei Schwerpunkt der Auswahl das 20. Jh. ist; dazu kommen wechselnde Ausstellungen mit Blättern bedeutender Künstler. Die **Neue Sammlung** war das erste Designmuseum Deutschlands und ist heute eines der international führenden Museen für angewandte Kunst der Moderne – für Industrial Design weltweit das bedeutendste. In der Pinakothek der Moderne kann sie erstmals ihre Bestände auf Dauer zeigen, ausgewählt aus einem Schatz von rund 60 000 Objekten. Das **Architekturmuseum** schließlich, die größte Spezialsammlung für Architektur in Deutschland, präsentiert wechselnde Ausstellungen zu Themen der Architekturgeschichte sowie zu aktuellen Entwicklungen.

Maxvorstadt • Barerstr. 40 • U-Bahn: Theresienstraße, Tram: Pinakotheken • www.pinakothek.de • tgl. außer Mo 10–18, Do 10–20 Uhr • Eintritt 10 €, erm. 7 €, So 1 € • Führungen (sehr lohnend!) kostenlos

Residenzmuseum 7

▸ Klappe vorne, d 3

Der Rundgang durch das Residenzmuseum führt durch die fürstlichen Prunkräume der Renaissance, des Barock, Rokoko und Klassizismus. Zu den Höhepunkten gehören die Porzellansammlungen, das Päpstliche Zimmer, die Hofkapelle, die Silberkammer, die Nibelungensäle; ferner die Ahnengalerie (1726–1731 von Joseph Effner errichtet) mit 121 Bildnissen von Wittelsbachern und das **Antiquarium**, einer der bedeutendsten Profanbauten der deutschen Renaissance (2. Hälfte 16. Jh.). Es diente ursprünglich der Aufbewahrung originaler und kopierter antiker Plastiken, später und bis heute als Festsaal. Zum Residenzmuseum gehören die Schatzkammer (▸ S. 103), die Münzsammlung (▸ S. 99) und das Staatliche Museum Ägyptischer Kunst (▸ S. 103), die getrennt zu besichtigen sind.

Altstadt • Max-Joseph-Platz 3 • U-Bahn: Odeonsplatz, Tram: Nationaltheater • www.residenz-muenchen.de • 1. April–15. Okt. tgl. 9–18, 16. Okt.–31. März 10–17 Uhr • Residenzmuseum 6 €, erm. 5 €, Kombikarte (einschl. Schatzkammer) 9 €, erm. 8 €, Jugendliche frei

Schack-Galerie

▸ S. 147, D 13

Die Sammlung des preußischen Beamten Adolf Friedrich von Schack ist in der 2. Hälfte des 19. Jh. entstanden und umfasst ausschließlich Werke deutscher Maler dieser Zeit, die in drei Hauptbereiche gegliedert sind:

deutsche Frühromantiker und ihre Nachfolger (Johann G. von Dillis, Schnorr von Carolsfeld, Gustav Schwind, Carl Spitzweg); Idealismus (Arnold Böcklin, Anselm Feuerbach, Hans von Marées, Franz von Lenbach) und Tendenzen der Nachromantik (Wilhelm von Bode, Christian Morgenstern, Georg U. Kraus).
Lehel • Prinzregentenstr. 9 • U-Bahn: Lehel • www.pinakothek.de • Mi–So 10–18 Uhr • Eintritt 2,50 €, erm. 1,50 €, So 1 €

Schatzkammer im Residenzmuseum 7

▸ Klappe vorne, d 3

In zehn Räumen der Residenz (▸ S. 82) sind über 1250 Preziosen aus dem Besitz des bayerischen Herrscherhauses zusammengetragen. Sehenswert sind das Gebetbuch Kaiser Karls des Kahlen (9. Jh.) und die Krone der Kaiserin Kunigunde (Anfang 11. Jh.) bzw. die neue bayerische Königskrone (Paris, 1806) sowie das Reiseservice der Kaiserin Marie Luise von Österreich (ein Geschenk Napoleons an seine zweite Gemahlin). Das meistbewunderte Stück ist die Statuette St. Georgs zu Pferde.
Altstadt • Max-Joseph-Platz 3 • U-Bahn: Odeonsplatz • 1. April–15. Okt. tgl. 9–18, 16. Okt.–31. März 10–17 Uhr • Eintritt 6 €, Kombikarte 9 €

Spielzeugmuseum

▸ Klappe vorne, d 4

Aus einer Sammlung des Karikaturisten Ivan Steiger entstanden, sind auf vier Etagen des Alten Rathausturms Hunderte von Spielsachen aus Europa und Amerika zu sehen.
Altstadt • Im Alten Rathausturm am Marienplatz • U-/S-Bahn: Marienplatz • www.spielzeugmuseum-muenchen.de • tgl. 10–17.30 Uhr • Eintritt 3 €, Kinder 1 €, Familien 6 €

Staatliches Museum Ägyptischer Kunst

▸ Klappe vorne, d 3

Hier kann man faszinierende Kunstwerke aus dem Land der Pyramiden

Die prunkvollen Gemälde in den Nibelungensälen des Residenzmuseums (▸ S. 102) sind die erste monumentale Darstellung des mittelalterlichen Nibelungenliedes.

sehen, darunter den weltweit einzigartigen Bestand an altägyptischen Skulpturen. Die Präsentation von Plastiken, Schmuck, Kultgegenständen und Papyri vermittelt einen vorzüglichen Eindruck über Kunst, Kultur und Religion des Alten Ägypten und könnte die optimale Vorbereitung einer Reise an den Nil sein. In komprimierter Form vertreten sind auch die Kulturen des antiken Sudan (Nubien).

Altstadt • Residenz München, Eingang Hofgartenstraße • U-Bahn: Odeonsplatz • Mi–Fr 9–17, Di 9–21, Sa, So 10–17 Uhr, Mo geschl. • Eintritt 5 €, erm. 4 €

Staatliches Museum für Völkerkunde ▸ Klappe vorne, e 4

Mit seinen rund 150 000 Exponaten ist es das zweitgrößte Völkerkundemuseum in Deutschland. Schwerpunkte bilden Sammlungen aus Nord-, Mittel- und Südamerika sowie aus dem afrikanischen und asiatischen Raum. Das in den vergangenen Jahren komplett sanierte Museum zeigt seit 2005 auch Dauerausstellungen zum islamischen Orient und zu Ozeanien.

Lehel • Maximilianstr. 42 • U-Bahn: Lehel, Tram: Maxmonument • Di–So 9.30–17.30 Uhr • Eintritt 4,50 €, erm. 3,50 €, So 1 €, Kinder frei

Städtische Galerie im Lenbachhaus ▸ Klappe vorne, a 1

Diese Villa mit Atelier ließ sich der Münchner Malerfürst Franz von Lenbach Ende des 19. Jh. im florentinischen Stil errichten: ein Landpalazzo mit Atelierbau im idyllischen Garten, mit Arkaden, Palladio-Fenstern, Säulen. Heute befindet sich hier eine Sammlung von Werken

Im unterirdischen Kunstbau (▸ S. 105) am Königsplatz ziehen Wechselausstellungen – wie hier die Gerhard-Richter-Retrospektive – zahllose Besucher in ihren Bann.

Münchner Maler von der Gotik bis zur Gegenwart. Besonders reich repräsentiert ist die Landschaftsmalerei der Münchner Schule (Johann G. von Dillis, Wilhelm von Kobell, Carl Rottmann, Carl Spitzweg) sowie Lovis Corinth, Franz von Stuck und Lenbach selbst. Internationale Bedeutung hat die Lenbach-Galerie vor allem durch die Gabriele-Münter-Stiftung, die größte Sammlung mit Werken Wassily Kandinskys und anderen Mitgliedern des Blauen Reiter in Deutschland.

Vor einigen Jahren hinzugekommen: der **Kunstbau** in der U-Bahn-Station Königsplatz, eine originelle unterirdische Galerie für wechselnde Ausstellungen und ein beträchtlicher Gewinn für die Kunststadt München. (Wegen größerer Renovierungsarbeiten bleibt das Lenbachhaus bis voraussichtlich März 2012 geschlossen. Nur im Kunstbau geht der Betrieb ungestört weiter.)

Maxvorstadt • Luisenstr. 33 • U-Bahn: Königsplatz • www.lenbachhaus.de • tgl. 10–18 Uhr, Mo geschl. • Eintritt 5 €, Familien 7,50 €

Valentin-Karlstadt-Musäum

▸ Klappe vorne, e 5

In den Türmen des Isartors untergebracht, erinnert die ständige Ausstellung »Karl Valentin, Liesl Karlstadt – Aus dem Leben der großen Münchner Komiker« an den berühmten Linksdenker und seine liebenswerte Partnerin auf der »Brettl-Bühne«. Ein Paradies für Valentin-Fans und alle, die sich einen Sinn für Unsinn, Hintersinn und Tiefsinn bewahrt haben: Da gibt es den »Kaminkehrer bei Nacht« und einen »Liegenden Stehkragen« zu sehen, einen pelzverbrämten Zahnstocher für den Winter und viele Kuriositäten mehr, die das spindeldürre Münchner Original mit dem runden schwarzen Hut ersonnen hat.

Altstadt • Isartorplatz • S-Bahn: Isartor • www.valentin-musaeum.de • Mo, Di, Do 11.01–17.29, Fr, Sa 11.01–17.59, So 10.01–17.59 Uhr • 2,99 €, Schüler/Studenten 1,99 €, Kinder sowie 6- und 99-Jährige in Begleitung ihrer Eltern frei

Verkehrszentrum

▸ S. 145, E 10

▸ Deutsches Museum, S. 97

Villa Stuck

▸ S. 147, E 13

Museum und Galerie, Villa und Atelierhaus des – neben Franz von Lenbach – zweiten »Münchner Künstlerfürsten« der vorletzten Jahrhundertwende. Das Gebäude im Stilgemisch von Historismus, Neoklassizismus und Jugendstil zeigt Franz von Stuck nicht nur als Maler und Bildhauer, sondern auch als Möbeldesigner; die Sammlung enthält 40 Gemälde und 14 Plastiken des Meisters.

Bogenhausen • Prinzregentenstr. 60 • U-Bahn: Prinzregentenplatz • www.villastuck.de • Di–So 11–18 Uhr • Eintritt 4–9 €, erm. 2–4,50 €

GALERIEN

Die meisten kommerziellen Galerien findet man in der Maximilianstraße, Residenzstraße, am Odeonsplatz und in der Galeriestraße. Im »Künstlerviertel« Schwabing gibt es zwar kaum noch Künstler, aber viele Galerien (Türken-, Schelling- und Franz-Joseph-Straße) sowie zunehmend auch an den »Rändern« des Kunstareals.

Öffnungszeiten meist Mo–Fr 10–18 Uhr

Das klassizistische Tempelchen Monopteros (▸ MERIAN-Tipp, S. 70) ist ein beliebter Treffpunkt von Spaziergängern, Sonnenanbetern und Liebespaaren.

Spaziergänge
und Ausflüge

Altmünchner Stadtviertel, grüne Oasen wie der Englische Garten, der Starnberger See oder die Isarauen warten darauf, entdeckt zu werden.

Vom Glockenbach zum Gärtnerplatz – Bodenständigkeit und Zeitgeist

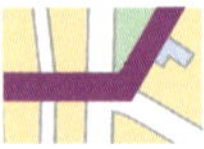

CHARAKTERISTIK: Ein Stadtteil, in dem Bodenständigkeit und Zeitgeist auf charakteristische Weise zusammengewachsen sind **DAUER:** 2 Std. **LÄNGE:** ca. 4 km **EINKEHRTIPP:** Café King, Müllerstr. 3, Tel. 8 56 38 00, www.cafe-king.com € **KARTE** ▸ S. 109, S. 146, B 14–C 14

Das Theater am Gärtnerplatz (▸ S. 49) bietet viel mehr als Leichte Muse.

Ein Gang durch den **Südlichen Friedhof** ist wie das Schmökern in einem Geschichtsbuch über München im 19. Jh. Einst als Begräbnisstätte für arme Leute, Landfahrer und Handwerksburschen außerhalb der Stadt angelegt, avancierte er zwischen 1830 und 1850 zum »Prominenten«-Friedhof mit den Gräbern vieler bedeutender Münchner, insbesondere Künstler und Wissenschaftler, wie die des Physikers Ohm, der Maler Dillis, Schwind, Spitzweg, Rottmann, Stieler, Kaulbach, des Historikers Görres, der Architekten Klenze und Gärtner, des Gartenarchitekten Sckell, des Bildhauers Schwanthaler, des Physikers Fraunhofer, des Hygienikers Pettenkofer, des Chemikers Liebig. Auf dem Grabstein der Familie Adam sind allein zwei Schlachtenmaler, zwei Vedutenmaler, ein Tiermaler, ein Katzenmaler und sogar eine Malerin verzeichnet.

Südlicher Friedhof ▸ Gärtnerplatz

Der Friedhofseingang ist vom Sendlinger-Tor-Platz durch die Thalkirchner Straße in wenigen Minuten zu erreichen. An seiner Ostseite schließt sich der **Glockenbach** an, einer der letzten Stadtbäche, die noch das Tageslicht sehen dürfen. Das nach ihm benannte **Glockenbachviertel**, ist auch vielen Münchnern nicht bekannt. Stille Straßen, in denen Buchbinder, Restauratoren, Goldschmiede und andere Gewerbe mit kreativem Potenzial werkeln. Dazwischen ein paar Mini-Plätze mit etwas Grün, aber keine Sehenswürdigkeiten. Das Viertel wirkt kleinstädtisch-wohnlich und doch urban. Über die Pestalozzistraße geht es zur Holzstraße. Erst an der Kreuzung Jahn-/Westermühlstraße wird es geschäftlich lebhafter. In der »Götterspeise« (Chocolaterie & Café) verkauft Priti Bröker die feinsten Süßigkeiten aus Brüssel, Paris und der restlichen Welt. In der benachbarten Hans-Sachs-Straße hat man lauter Sympathieträger vor der Haustür: Arena-Kino und Hotel Olympia, zwei stadtbekannte Friseure, die

Glockenbach-Buchhandlung, das leicht verrückte Lokal »Ess Neun« sowie den Obst-und-Gemüse-Türken. Von der Müllerstraße gelangt man rechts zur Fraunhoferstraße. Dort gibt es an jedem zweiten Haus Interessantes zu sehen, zumindest das »**Fraunhofer**« und das **Werkstattkino** sollte man auch von innen testen. Über die Reichenbachstraße gelangt man zum **Gärtnerplatz** mit seinem Rondell. Je mehr man sich dem Platz nähert, umso mehr verdichtet sich das Gedränge von Architektur- und Designerbüros, Kunstgalerien, Café-Bars, Restaurant-Exoten und Boutiquen. Doch echt versnobt ist das Quartier noch nicht. Überall floriert Bodenständiges, Kleinbürgerliches; vielen Gründerzeithäusern, denen ein frischer Anstrich sicher gut täte, wünscht man, dass sie auch weiterhin von den Schnüffelnasen der Immobilienhaie und Nobelinvestoren unentdeckt bleiben. Der Gärtnerplatz selbst, dominiert vom einzigen öffentlichen Gebäude im Viertel, dem **Staatstheater am Gärtnerplatz**, ist kürzlich neu gestaltet worden, was nicht jedem gefallen hat, doch mit der Zeit, wenn die Bäume wachsen, sicher allgemein akzeptiert wird. Vom Gärtnerplatz gehen die Straßen sternförmig in alle Richtungen. Durch die Corneliusstraße gelangt man schnell zum **Jüdischen Zentrum** 3 und zum **Stadtmuseum**, durch die Reichenbachstraße zum **Viktualienmarkt** 1 (▶ Im Fokus, S. 44) und zum **Marienplatz** 5.

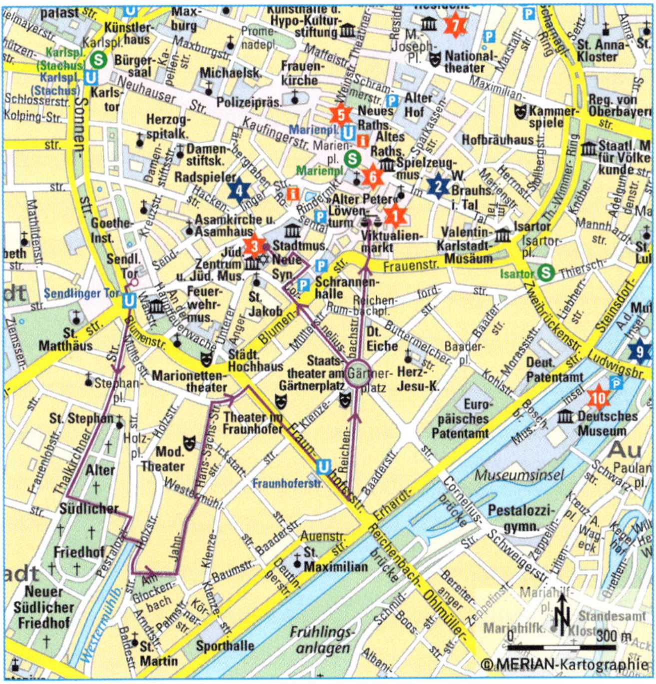

Vom Lehel nach Haidhausen – Zwei altmünchnerische Stadtviertel erkunden

CHARAKTERISTIK: Spaziergang durch zwei altmünchnerische Stadtviertel **DAUER:** 2–3 Std. **LÄNGE:** ca. 4–5 km **EINKEHRTIPPS:** Café Stöhr (im Müller'schen Volksbad), Rosenheimer Str. 1, Tel. 48 22 22 € • Café Wiener Platz, Innere Wiener Str. 48, Tel. 4 48 94 94, www.cafewienerplatz.de € **KARTE ▸ S. 113, S. 147, D 13–E 14**

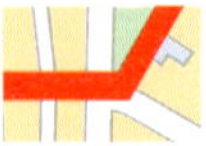

Ein charmantes und zugleich urbanes Viertel ist das Lehel zwischen Englischem Garten, Isartorplatz und Prinzregentenstraße. Es besteht aus ganzen Straßenzügen solider Bürgerhäuser, hinter deren hohen Fenstern sich großzügig dimensionierte Wohnungen mit Parkettböden und Stuckdecken verbergen. Trotz seiner zentralen Lage ist das Lehel eine ruhige, gutbürgerliche Wohngegend geblieben, die in ihrer architektonischen Ausgewogenheit an die entsprechenden Pariser Arrondissements erinnert. Ausgangspunkt unseres Bummels ist der St.-Anna-Platz, geografisches und geistliches Zentrum des Lehel, beherrscht von der neugotischen **Pfarrkirche St. Anna**. Die eigentliche Attraktion versteckt sich jedoch hinter unscheinbaren Mauern: die **Klosterkirche St. Anna**, eines der bedeutendsten Kunstdenkmäler Münchens. Sie wurde von Johann Michael Fischer als erste Rokokokirche der Stadt erbaut (1727–1733). Ihr Innenraum wurde von den Brüdern Asam gestaltet, der Bildhauer J. B. Straub schuf zwei Engelfiguren sowie Kanzel und Tabernakel.

St.-Anna-Platz ▸ Gasteig

Über die St.-Anna-Straße erreicht man die breite Maximilianstraße mit ihren Grünanlagen, die wir auf Höhe des Völkerkunde-Museums überqueren – nicht ohne einen Blick auf das **Max-II-Monument** und das **Maximilianeum** zu werfen. Über die stille Adelgundenstraße geht es weiter auf die Thierschstraße zum Isartorplatz und hier links zur **Ludwigsbrücke**.

Diese ist eine späte Nachfolgerin jener Brücke, die Herzog Heinrich der Löwe 1157/1158 über die Isar schlagen ließ, was bekanntlich zur Gründung Münchens führte. Die Isar wird hier von der »Museumsinsel« – so benannt nach dem weltberühmten **Deutschen Museum** 10 – in zwei Arme geteilt. Isarabwärts, auf der Kalkinsel, steht inmitten einer kleinen Grünfläche der **Vater-Rhein-Brunnen**, den der Bildhauer Adolf von Hildebrand um die Jahrhundertwende geschaffen hat. Links der Brücke auf der rechten Isarseite ist der markante Bau des **Müller'schen Volksbads** (▸ MERIAN-Tipp, S. 79) zu sehen, ein Muss für Jugendstil-Liebhaber.

Gasteig ▸ Wiener Platz

Von der Ludwigsbrücke hat man auch den eindrucksvollsten Blick auf den **Gasteig**, wie die Münchner das »Kulturzentrum am Gasteig« der Einfachheit halber nennen. Wie eine Trutzburg erhebt sich der riesige Backsteinbau über der Isar, in dem das Herz der Kulturstadt München recht heftig schlägt. Hinter dem Kulturzentrum beginnt der Stadtteil

Haidhausen, dessen Straßen größtenteils nach siegreichen Schlachten im Deutsch-Französischen Krieg von 1870/1871 benannt worden sind. Das typische Arbeiter- und Proletarierviertel ist im Zweiten Weltkrieg mit geringen Schäden davongekommen. In den 1970er-Jahren wurde es von Aussteigern und Alternativen, aber auch von aufstrebenden Künstlern entdeckt. Mit Beginn der 1980er-Jahre wurden hier und dort Gründerzeitfassaden und die Wohnungen dahinter saniert.

Unser Weg setzt sich am Rosenheimer Platz fort und führt über den Weißenburger Platz in die Lothringer Straße. Weiter dann über Pariser Straße und Pariser Platz zum **Bordeauxplatz**, wo Haidhausen fast so pariserisch wirkt wie die Arbeiterquartiere um die Place de la Bastille. Die Verlängerung des Bordeauxplatzes ist die Wörthstraße, von der aus es rechts in die Preysingstraße geht. Hier stehen einige der letzten Altmünchner »Herbergen« (Haus-Nr. 58 f.): niedrige, bauernhofartige Wohnhäuser aus dem 17. Jh., darunter auch der **Kriechbaumhof** an der Ecke Wolfgangstraße. Durch die Kirchenstraße mit dem **Stadtteil-Museum** spaziert man weiter zum Johannisplatz mit seiner neugotischen Pfarrkirche **St. Johann Baptist**. Die Kirchenstraße mündet in den Wiener Platz, wo sich zum erholsamen Abschluss des Spaziergangs das Café gleichen Namens empfiehlt.

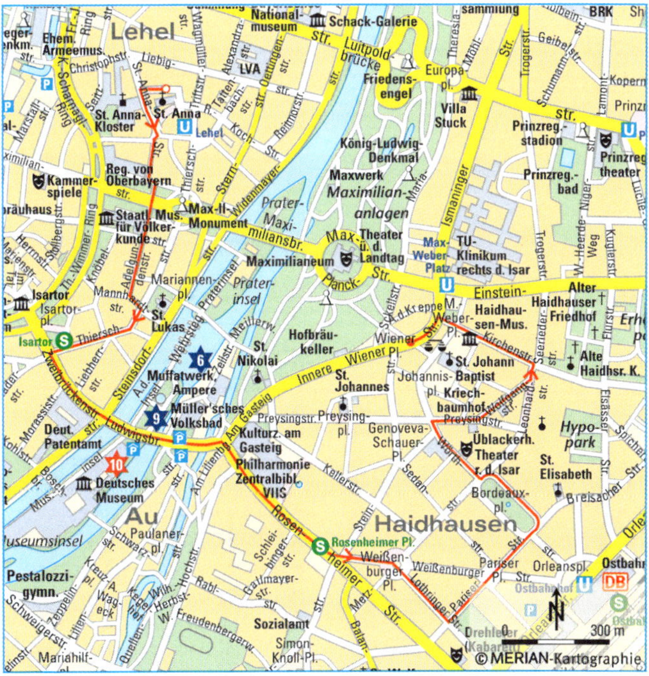

Die Isar entlang – Vom Deutschen Museum zum Tierpark Hellabrunn

CHARAKTERISTIK: Auf dem Weg vom Deutschen Museum zum Tierpark Hellabrunn lernt man ganz neue Seiten der Stadt kennen **DAUER:** 1–1,5 Std. **LÄNGE:** ca. 5 km, Verlängerung zur Großhesseloher Brücke 45 Min. **EINKEHRTIPP:** Biergarten zum Flaucher (▸ S. 26), Isarauen 8, Tel. 7 23 26 77, www.zumflaucher.de, tgl. 10.30–23 Uhr € **KARTE ▸ S. 146, C 15–südl. A 16**

Die Isar hat einen Vorzug, von dem andere Stadtflüsse nur träumen können: Ihr Wasser hat Badequalität, allerdings erst wieder seit ein paar Jahren. Doch beginnen wir an der Quelle. Aus dem Karwendelgebirge kommend, hat »Isara rapidus« ihren Charakter als schneller, manchmal reißender Gebirgsfluss bis in die Millionenstadt München hinein, die ihr praktisch die Existenz verdankt, behalten. Erst die gegen Überschwemmung schützenden notwendigen Verbauungen haben ihre freie Lebensart beeinträchtigt.

Bei **Großhesselohe** erreicht sie Münchner Stadtgebiet, das sie auf einer Länge von ca. 14 km durchfließt; nach insgesamt 283 km mündet sie bei Deggendorf in die Donau.

Es gibt Fern(rad)wanderer, welche die ganze Strecke neben der Isar her laufen oder radeln. Wir beschränken uns auf einen Stadtspaziergang isaraufwärts, der am **Deutschen Museum** 10 beginnt und nach knapp 5 km am Eingang des Tierparks Hellabrunn oder auch erst 2,5 km weiter, an der beeindruckenden Großhesseloher Brücke, endet.

Deutsches Museum ▸ Großhesseloher Brücke

Im Innenhof des Museums beginnt der **Planetenweg**, der die Entfernungen und Größenverhältnisse unseres Sonnensystems im Kleinstmaßstab nachbildet. Das heißt, für 1 km auf dem Planetenweg vom Deutschen Museum bis zum Tierpark wären im Weltall 1,29 Mrd. km zurückzulegen. Ein großer Schritt auf dem Planetenweg entspricht also etwa 1 Mio. km im Weltall. Damit uns das ständig bewusst bleibt, sind am Rande des Weges Säulen errichtet worden, auf denen man ablesen kann, wie relativ »nahe« etwa Merkur, Venus, Erde und Mars der Sonne sind und dass die entferntesten Planeten Neptun und Pluto sind.

Zu den erfreulichen Meldungen aus München gehören die gewaltigen Fortschritte bei der **Renaturierung der Isar**: Das aufwendige Projekt hat zum Ziel, der im Lauf der Jahrhunderte zunehmend eingezwängten Isar ihre ursprüngliche Gestalt zurückzugeben. Zwischen Museumsinsel und der Großhesseloher Brücke sind die Renaturierungsarbeiten bereits abgeschlossen. Die alten Betonplatten sind herausgerissen, ein sanfter Übergang vom Wasser zum Land ist geschaffen, das Flussbett verbreitert worden. Befreit vom engen Korsett kann die Isar sich wieder ihre eigenen Wege suchen. So entstehen neue Wasserläufe, Kiesbänke, Kaskaden und ansehnliche Halbinseln statt der monotonen Grasvege-

Die Kiesbänke der Isar am »Flaucher« (▶ S. 113) sind ein beliebtes Freizeitparadies der Münchner. An schönen Sommertagen findet sich hier oft kein freies Plätzchen mehr.

tation, die sich auch akustisch wahrnehmen lassen: Das dahin eilende Isarwasser gluckert, plätschert, sprudelt, rauscht, als erfreue es sich seiner wiedergewonnenen Freiheit. Seitdem die alten Betonschwellen entfernt und durch Felsblöcke ersetzt worden sind, fühlen sich Isarfische wie Barben, Äschen, Forellen und sogar Huchen wieder heimisch in ihren Gewässern.

Je näher man der **Großhesseloher Brücke** kommt, umso stiller wird die Landschaft und umso unglaubwürdiger scheint es, dass wir uns noch immer in den Grenzen einer Millionenstadt bewegen.

Von der Fußgängeretage unter den Eisenbahngleisen, über die man das andere Ufer und damit auch die S-Bahn-Station Großhesselohe erreicht, kann man noch einmal auf den Fluss und seinen Weg ins Stadtzentrum herabschauen.

Flaucher ▶ Tierpark Hellabrunn

Auf dem Planetenweg legt man aber auch eine gute Strecke durch die Münchner Innenstadt zurück. Sie unterquert ein paar Brücken, über die der Straßenverkehr donnert, am gegenüberliegenden Ufer zeigt sich das kolossale Heizkraftwerk, nicht gerade eine architektonische Schönheit. Dafür entschädigen dann die Kiesbänke am »**Flaucher**« (im Sommer ein einziges FKK- und Grillvergnügen), das einzige Relikt der alten Wildflusslandschaft und nun zum Leitbild für den Isar-Umbau geworden. Ein Fußgängersteg führt zum gleichnamigen **Biergarten**, der sich bei den Münchnern großer Beliebtheit erfreut. Geht man vom Biergarten zurück zum Hauptweg, gelangt man zu einer langen hölzernen Brücke. Von dort ist es nur noch ein Katzensprung bis zum **Tierpark Hellabrunn**.

Schwabing von der Uni bis zur Münchner Freiheit – Die ewige Jugend gepachtet

CHARAKTERISTIK: Schwabing – mehr als ein Stadtteil? Ein paar Jahrhunderte älter als München, scheint er die ewige Jugend gepachtet zu haben **DAUER:** 2–3 Std. **LÄNGE:** ca. 5 km **EINKEHRTIPPS:** Café Restaurant Ringelnatz, Haimhauserstr. 8, Tel. 33 06 63 79, www.ringelnatz.com, tgl. € • Caffè Florian, Hohenzollernstr. 11, Tel. 33 66 39, www.caffe-florian.de, tgl. €–€€ **KARTE** ▸ S. 115, S. 142, C 8–S. 143, D 8

Streng genommen gehört die **Ludwig-Maximilians-Universität** mit ihrem »Hinterland« noch nicht zu Schwabing. Doch die fast 50 000 hier Studierenden lassen sie als eine Art Exklave Schwabings erscheinen. Die Hauptgebäude am Geschwister-Scholl-Platz und am Professor-Huber-Platz, die den Kern des **Uni-Viertels** bilden und an die Namen der von den Nazis 1943 hingerichteten Widerstandskämpfer der »Weißen Rose« erinnern, machen allerdings nur einen Teil des riesigen Unternehmens aus. Die Zentralgebäude sind 1835 bis 1840 im Zuge der Anlage der Ludwigstraße durch König Ludwig I. von Friedrich von Gärtner errichtet worden. Der studentische Alltag spielt sich in den Straßen hinter dem Uni-Hauptgebäude ab. Auf einem Bummel um das Straßenkarree Amalienstraße, Schellingstraße, Türkenstraße, Adalbertstraße erfährt man, was Studenten so alles brauchen: Antiquariate und Kopieranstalten, Kinos und Cafés, Boutiquen und Dance-Studios …

Siegestor ▸ Münchner Freiheit

Einen großartigeren »Haupteingang« als das **Siegestor** kann wohl kein Vorort einer deutschen Großstadt bieten. Die anschließende, mit Pappeln gesäumte **Leopoldstraße**, gern auch »Boulevard Leopold« genannt, beginnt noch ganz seriös mit Verwaltungsbauten, unter anderen dem der Münchener Rückversicherung mit dem 17 m hohen »**Walking Man**« (1995 vom Bostoner Künstler Jonathan Borofsky geschaffen) im Vorgarten. Je mehr sie nach Norden ins Zentrum Schwabings vordringt, umso mehr wird sie mit ihren Boulevard-Cafés, Bordstein-Boutiquen und provozierend geparkten Porsches zur Amüsiermeile, die ihren Höhepunkt an der **Münchner Freiheit** erreicht. Der Platz ist heute allerdings ein chaotisches Verkehrsdrehkreuz, das richtige Schwabinger Atmosphäre kaum noch aufkommen lässt. Dafür zeigt sich der dazugehörige U-Bahnhof nach der Renovierung im völlig neuen Outfit.

Rechter Hand, mit Richtung zum Englischen Garten (▸ Im Fokus, S. 116), zweigt die Feilitzschstraße ab, ein Döner- und Big-Mac-Paradies, das man schnell hinter sich lassen kann. In der Occam- und Haimhauserstraße aber haben kleine Privattheater und Kabarettbühnen (darunter das Lustspielhaus, die Lach- und Schießgesellschaft und das TamS, Theater am Sozialamt) mit den Traditionen des alten Schwabings überlebt. Dass vieles trotzdem nicht mehr ist, wie es (vielleicht) einmal war, sollte kein Grund zum Jammern sein; dafür ist anderes, Neues entstanden. Zum »Wahnmoching«, wie es die Vorzeige-Schwabingerin, Schriftstellerin und Lebedame Franziska Reventlow genannt hat, wird Schwabing wohl nicht mehr zurückfinden. Die linke Seite der Leopoldstraße führt ins mehr bürgerliche, aber auch recht bunte und anregende Schwabing mit seinen originellen Secondhandshops und schrägen Boutiquen; hier kann man swingende Mode und Designermöbel sehen, Lampen oder Antiquitäten und alles mögliche Überflüssige kaufen. Ein Spaziergang durch die schönen, teils noch kopfsteingepflasterten Straßen rund um den **Kaiserplatz**, wo herrschaftliche Altbauten und grüne Innenhofe das Bild prägen, erklärt aber auch, warum Schwabing als Wohnviertel höchstes Renommee genießt. Wer gerne noch ein wenig dem Schaufensterbummel frönen mochte, sollte durch die quirlige **Hohenzollernstraße** bummeln, auch mal in der Ainmillerstraße oder auf dem kleinen, malerischen **Elisabethmarkt** hereinschauen, um dann vielleicht vom Hohenzollernplatz über den Helmut-Fischer-Platz (dem 1997 verstorbenen Schauspieler wurden nicht nur dieser Platz gewidmet, sondern auch eine Statue im Garten des Cafés Münchner Freiheit) durch die Herzogstraße zur Münchner Freiheit zurückzukehren.

WUSSTEN SIE, DASS …

… Schwabing (erstmals beurkundet im Jahr 782) fast 400 Jahre älter ist als München (Gründungsdatum 1158)?

Im Fokus

Der Englische Garten 2 Ein Paradies mitten in der Stadt – Münchens viel geliebter Freizeitpark beglückt Spaziergänger und Erholungsuchende.

Schon am 13. August 1789, einen Monat nach dem Ausbruch der Französischen Revolution in Paris, erließ der bayerische Kurfürst Karl Theodor ein Dekret, nach dem er »den hiesigen Hirschanger zur allgemeinen Ergötzung für dero Residenzstadt München herstellen zu lassen und diese schönste Anlage der Natur dem Publikum in seinen Erholungsstunden nicht länger vorzuenthalten gesonnen sei«. Was der bayerische Kurfürst im geschraubten Kanzleistil des späten Rokoko verlautbaren ließ, war in der Tat revolutionär und gehörte zu den »Reformen«, mit denen damals Deutschlands Feudalherren die von Frankreich her über den Rhein sich ergießende revolutionäre Sturmflut zu besänftigen suchten.

Die Anregung zu einem im »englischen Stil« gestalteten »Volkspark« kam von dem Amerikaner (Sir) Benjamin Thompson, seit 1792 Graf von Rumford, einem vielseitigen, einfallsreichen Mann, der seine Ideen in die Wirklichkeit umzusetzen wusste.

Amerikanische Handschrift

Als Landschaftsgärtner war Thompson alias Rumford »nur« ein Dilettant (im positiven Sinn). Doch der Kurfürst, mit ihm München und Bayern, hatte das große Glück, in dem Hofgärtner Friedrich Ludwig (von) Sckell einen geniali-

◀ Zu jeder Jahreszeit ist der Englische Garten (▶ S. 116) eine Erholungsoase.

schen Nachfolger zu finden, der dem Englischen Garten sein endgültiges Gesicht gegeben hat. Neben dem Fürsten Pückler-Muskau und Lenné war Sckell der bedeutendste Gartenkünstler seines Zeitalters. Am Kleinhesseloher See, nahe dem Seehaus, ist ihm ein verdientes Denkmal gesetzt worden.

Mit einer Fläche von etwa 4 qkm, bis zu 1000 m breit und 5,3 km lang zieht sich der »erste demokratische Park auf dem Kontinent« von der Prinzregentenstraße entlang der Isar bis zum Föhringer Ring nach Norden und geht dann in die Isarauen über. Die Verbindungsstraße zwischen Schwabing und Bogenhausen trennt den »zivilisierten« südlichen vom weniger intensiv genutzten nördlichen Teil des Parks. Beide Teile zusammen bilden die »größte innerstädtische Grünanlage der Welt«. Der Park hat keinen Eingang, aber mehrere Zugänge. Der Rundweg, den wir vorschlagen, dauert vielleicht eine Stunde, kann aber leicht auf zwei und mehr ausgedehnt werden. Von der U-Bahn-Station Münchner Freiheit führt die Feilitzschstraße zu einem Brückchen, über das wir den Englischen Garten erreichen.

Lustwandler, Jogger und Reiter

Im Kleinhesseloher See mit seinen drei Inselchen, alle künstlich angelegt, schwimmen Enten und Schwäne, Ruder- und Elektroboote – ein reiner »Lustsee«. Wir bleiben auf dem Trockenen, queren den Biergarten des Restaurants Seehaus, das uns aber nicht aufhalten kann, obgleich seine Ochsenbrust den besten Ruf genießt, und nehmen auf der anderen Seite des Sees einen der Wege, die uns durch die offene, meist heiter, selten melancholisch wirkende Parklandschaft führt. Ob einer der Bäche, die uns begleiten, Eisbach, Entenbach oder Oberstjägermeisterbach heißt, soll uns gleich sein. Wir genießen die herrlichen Park-Perspektiven, zusammen mit allerlei Gleichgesinnten, die als Fußgänger wie wir, aber auch als Jogger, Radfahrer, Radrennfahrer, Reiter, Kinderwagenschieber, Fußballspieler oder Hundeausführer unterwegs sind.

Surfen oder Sonnenbaden?

Von dem altmodischen Kiosk, an dem kleine Ess- und Trinkbedürfnisse befriedigt werden können, ist es nicht mehr weit zum Chinesischen Turm (▶ MERIAN-Tipp, S. 70). Unbedingt steigen wir aber zum Monopteros hinauf. Das Zehn-Säulen-Tempelchen ist 1837 vom königlichen Baumeister Leo von Klenze errichtet worden; der Blick von hier oben auf die Türme der nahen Altstadt ist berühmt, am schönsten freilich, wenn die Sonne im Westen immer tiefer sinkt. Nun haben wir die Wahl: Schauen wir den Surfern zu, die im Eisbach an der Prinzregentenstraße für wildere Gewässer trainieren, machen wir, an der Rückfront des Hauses der Kunst entlang, einen Abstecher zum Japanischen Teehaus, einem Geschenk anlässlich der Olympischen Spiele 1972, oder wenden wir uns wieder nach Norden, wo noch Gelegenheit ist, dem Orff-Hain und der Burgfriedenssäule – Grenzmarkierung der barocken Stadt im 18. Jh. – einen Besuch abzustatten, bevor der Park uns zur U-Bahn-Station Universität entlässt.

AUSFLÜGE IN DIE UMGEBUNG

Rund um den Starnberger See

CHARAKTERISTIK: Tagesausflug mit dem Auto von München über die A 95 nach Starnberg und von dort über Seeshaupt am Südende des Sees zurück **ALTERNATIVE:** eine Seerundfahrt mit dem Dampfer ab Starnberg **DAUER:** ca. 3 Std. **LÄNGE:** ca. 120 km **EINKEHRTIPP:** Gasthaus zum Fischmeister, Ambach bei

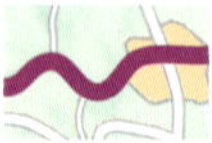

Münsing, Seeuferstr. 31, Tel. 0 81 77/5 33 €€ **AUSKUNFT:** Bayerische Seenschifffahrt, Tel. 0 81 51/1 20 23, www.bayerische-seenschifffahrt.de **KARTE ▸ S. 119**

Der Starnberger See, auch Würmsee genannt, ist das schönste Geschenk der (Würm-)Eiszeit an die Münchner, die immer wieder ihre Künstler an den lang gestreckten See geschickt haben, damit sie ihn in Wort und Bild preisen.

»Vom Ernst des Lebens halb verschont, bleibt der schon, der in München wohnt.« Wer sich von der Stadt her nach einer halbstündigen Autofahrt über die Autobahn (A 95) dem Starnberger See nähert, wird dem hübschen Zweizeiler des Münchner Verseschmieds Eugen Roth (1895–1976) zustimmen müssen, erst recht, wenn der Föhn dann noch die Alpenkette im Hintergrund näher und höher aussehen lässt, als sie in Wirklichkeit ist, und den See tiefblau mit weißen Schaumkämmen färbt.

Der Starnberger See, aus einer eiszeitlichen Gletscherrinne entstanden und bis zu 123 m tief, ist 22 km lang, zwischen 2 und 5 km breit und nach dem Chiemsee zweitgrößter See Bayerns. Schon vor über 300 Jahren hatte die Hofgesellschaft in München die Freizeitqualitäten des Sees erkannt; der Aristokratie folgend, siedelte sich später auch das gehobene Bürgertum rund um den See an, was sich bis heute nicht geändert hat.

Starnberg ▸ Roseninsel

Unsere Autorundfahrt beginnt in der Kreisstadt **Starnberg** und führt zunächst, entgegen dem Uhrzeigersinn, nach Süden. Noble Gründerzeitvillen versperren den Zugang zum See. Dann lichtet sich die Bebauung, wir fahren am ausgedehnten Freizeit- und Badegelände **Possenhofen** entlang, das mit seinem alten Baumbestand auch zu den schönsten Parks am See zählt. Im Renaissanceschloss Possenhofen, das der herzoglichen Linie der Wittelsbacher gehörte, verbrachte Prinzessin Sisi, Tochter des Herzogs Max und spätere Kaiserin Elisabeth von Österreich, ihre Jugendjahre. Und natürlich wird quer über den See an Liebesromanzen zwischen ihr und dem Kronprinzen Ludwig gesponnen, auch wenn der Wahrheitsgehalt dieser Legenden umstritten ist.

Halten wir uns an das, was wir sehen und greifen können: Das Hotel Kaiserin Elisabeth im Nachbarort **Feldafing** beispielsweise, in dem die österreichische Monarchin 22 Sommer verbrachte, hat seinen nostalgischen Charme bis heute bewahren können. Feldafing ist auch die Adresse des Golfclubs, der einen der schönsten deutschen 18-Loch-Golfplätze Deutschlands betreibt. Nur ei-

ne einzige Insel kann der Starnberger See aufbieten: die romantische **Roseninsel** vor Feldafing. Um 1860 hatte König Maximilian eine Villa im pompejanischen Stil auf ihr errichten lassen, während sein Sohn Ludwig die Rosenstöcke pflanzen ließ, mit denen er Cousine Sisi zu beeindrucken hoffte. An sommerlichen Wochenenden kann man sich, der Insel-Romantik angemessen, mit einem alten Fährkahn übersetzen lassen.

Tutzing ▶ Bernried

Wie Feldafing ist auch **Tutzing** seit mehr als 100 Jahren ein gesuchter Wohnort in besseren Kreisen; eine beachtliche Künstlerkolonie hatte sich hier schon um 1850 angesiedelt. Heute machen vor allem die Evangelische und die Politische Akademie im Schloss mit ihren aktuellen Seminaren von sich reden.

Bernried, unser nächstes Ziel, ist ein altes Fischerdorf mit einem ehemaligen **Augustiner-Chorherrenstift** und einer sehenswerten Barockkirche. Einen Kontrast zur dörflichen Idylle bildet das außerhalb gelegene **Museum der Phantasie** des Sammlers, Schriftstellers und Fotografen Lothar-Günther Buchheim, dessen Expressionisten-Sammlung der Künstlervereinigung Die Brücke (Kirchner, Heckel, Nolde u.a.) hier vollständig zu sehen ist (Di–So 10–18 Uhr, www.buchheimmuseum.de). Ebenfalls bemerkenswert ist die Museumsarchitektur. Im Süden des Dorfes schließt sich der **Bernrieder Park** mit herrlichem alten Baumbestand an.

Seeshaupt ▸ Percha

Von **Seeshaupt**, dem Scheitelpunkt der Rundfahrt, geht es wieder nach Norden. Die Straße führt am schönen Badegelände von **St. Heinrich** vorbei, entfernt sich dann aber vom Seeufer, was schade ist, den dörflichen Ortschaften **Ambach** und **Ammerland** jedoch gut bekommt. Die sind mit dem Auto nur auf Stichstraßen zu erreichen oder besser noch mit dem Schiff. Das Ostufer hat keine feudalen Traditionen. Hier hat sich vorwiegend gehobenes Bürgertum angesiedelt, mit etablierten Malern und Literaten.

Über Münsing und Allmannshausen weiter nach Leoni und nach Berg. **Schloss Berg**, einst Sommerresidenz der Wittelsbacher, war letzter (unfreiwilliger) Aufenthalt Ludwig II., der hier mit seinem Leibarzt Dr. Gudden im See den Tod fand (1886). Eine **Votivkapelle** am Ufer und ein Kreuz im See erinnern an das tragische, in Bayern immer noch gegenwärtige Ereignis. Das Schloss ist nicht zugänglich. Berg ist auch Heimat des Schriftstellers **Oskar Maria Graf**, der von den Nazis ins Exil gezwungen wurde und dem das Dorf literarische Berühmtheit verdankt. In **Percha** am Nordende des Sees schließt sich der Kreis unserer Seerundfahrt zu Lande.

Wer auf dem Starnberger See mit dem eigenen Segelboot oder einem Ausflugsschiff (▸ S. 118) unterwegs ist, dem sind reizvolle Aussichten vom Wasser aus gewiss.

Auf den »Heiligen Berg« Andechs

CHARAKTERISTIK: Zu empfehlen ist dieser Ausflug als kombinierte Tagesunternehmung mit der S-Bahn und auf »Schusters Rappen«! DAUER: Wer mit dem Auto hin und zurück fährt, kommt leicht mit einem halben Tag aus LÄNGE: ca. 100 km EINKEHRTIPP: Bräustüberl Kloster Andechs, Tel. 0 81 52/37 62 61, www.andechs.de € AUSKUNFT: Gemeinde Andechs, Andechser Str. 16, Tel. 0 8152/93 25-0 KARTE ▸ S. 123, b 3

Kloster Andechs ist eine Gründung der Grafen von Dießen-Andechs im 10. Jh. Die in der Heiligen Kapelle gesammelten Reliquien, das »Heiltum«, sind seit dem 12. Jh. das Ziel von Wallfahrten. Das von den Wittelsbachern eingesetzte Augustiner-Chorherrenstift wurde im 15. Jh. von den Mönchen des Benediktinerordens übernommen, die es verstanden haben, ihre Kirche zum Ziel der populärsten Marienwallfahrt in Bayern zu machen. Dass zu diesem Erfolg auch das damals schon populäre Klosterbier beigetragen hat, ist keine allzu gewagte Vermutung.

Heute kommen die meisten Besucher, weil die Kombination von Lage, Kirche und Bier einzigartige Genüsse erwarten lässt. Die **Kirche** geht auf eine gotische Anlage zurück, ihre prächtige Rokoko-Innenausstattung stammt aus der Zeit um 1750 (Stuck und Fresken vom berühmten Münchner Hofstuckateur Johann Baptist Zimmermann). Zum Bier nur so viel: Es ist außerordentlich süffig und schmeckt natürlich da am besten, wo es gebraut worden ist. Die Andechser **Klosterbrauerei** hat denn auch dafür gesorgt, dass in Bräustüberl und Biergarten reichlich Platz vorhanden ist. In der Zeit um Himmelfahrt (Vorsicht: Vatertag!) und Pfingsten kommen nicht nur viele Wallfahrer, sondern noch viel mehr Biertrinker, weshalb sensible Gemüter dann schon mal Platzangst bekommen können.

Zum Kloster gehören nicht nur die Brauerei, sondern auch andere landwirtschaftliche Einrichtungen, deren Produkte einen exzellenten Ruf genießen. Im »**Floriansstadel**« wird Theater gespielt. Eine Andechser Spezialität sind die Inszenierungen von Werken des altbayerischen Komponisten Carl Orff (»Carmina Burana«), dessen Grabstätte sich in der Klosterkirche befindet.

Schloss Seefeld ▸ Herrsching

Ein Vorschlag für eine kombinierte Rundwanderung: Die S 8 fährt uns vom Hauptbahnhof nach Seefeld-Hechendorf. Hier steigen Sie am **Schloss Seefeld** vorbei auf nach Widdersberg über dem Pilsensee, am Ortsausgang beginnt der Höhenwanderweg, von dem aus der Kirchturm der **Wallfahrtskirche** sich schon bald blicken lässt. Je näher Sie ihr kommen, umso eindrucksvoller wird das Bild, besonders dann, wenn dahinter die imposante Kulisse des bayerischen Hochlandes sichtbar wird (ca. 90 Min.).

Nach der Kirchenbesichtigung und »maßvoller« Einkehr im Bräustüberl des Kloster Andechs kann man mit dem Bus nach Herrsching (S-Bahn) zurückfahren. Wer noch länger im Grünen verweilen mag, bummelt durch das romantische Kienbachtal nach Herrsching zurück.

Ins Werdenfelser Land

CHARAKTERISTIK: Ein ausgedehnter Ausflug, mit der Option, nicht alle Empfehlungen zu befolgen, sondern das herauszupicken, worauf man am meisten Lust hat **DAUER:** Tagesausflug **LÄNGE:** 250 bis 300 km **EINKEHRTIPP:** Griesbräu, Murnau, Obermarkt 37, Tel. 0 88 41/14 62, www.griesbraeu.de € **AUSKUNFT:** Tourist-Information Garmisch-Partenkirchen, Tel. 0 88 21/18 07 00, www.gapa.de **KARTE ▶ S. 123, b 2**

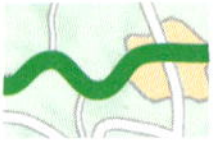

Gabriele-Münter-Haus (▶ S. 122) in Murnau: Treffpunkt der Künstlergruppe Blauer Reiter.

Von München auf der A 95 (Garmisch) bis zur Ausfahrt **Murnau**, weiter auf der Landstraße zum hübsch vor den Bergen gelegenen Markt und Luftkurort, der sich um 1900 zu einer »Sommerfrische« für kunstsinnige Münchner Bürger entwickelte. Von Wassily Kandinsky »entdeckt«, trafen sich die Mitglieder des Blauen Reiter zwischen 1909 und 1914 häufig hier in Murnau, um zu malen und zu feiern. Ihr Mittelpunkt war das »Russenhaus«, heute als **Gabriele-Münter-Haus** zu einem sehenswerten kleinen Museum umgebaut, mit Erinnerungen an Kandinsky, Gabriele Münter, seiner langjährigen Lebensgefährtin, Franz Marc und andere Maler in dieser Zeit (Kottmüllerallee 6, Di–So 14–17 Uhr). Im **Schlossmuseum** auf einem Hügel über dem Ort werden laufend anregende Ausstellungen zur Kultur und Kunst der Region gezeigt (Schlosshof 4–5, Di–So 10–17 Uhr). Südlich des Ortes breitet sich das **Murnauer Moos** aus, ein Naturschutzgebiet und mit 32 qkm das größte zusammenhängende Moor Bayerns. Auf einem Rundweg kann man die Schönheiten des Moores, so die Irisblüte im Mai, aus der Nähe bewundern. Von Murnau nur 11 km entfernt ist das schön vor den Bergen gelegene **Freilichtmuseum Glentleiten**, eine Ansammlung von alten Bauernhäusern, Arbeitsgeräten, Handwerksvorführungen und besonderen Ausstellungen, die das Leben in Oberbayern, »wie's früher einmal war«, sehr anschaulich darstellen. Auch eine Gastwirtschaft gehört dazu (April–Okt. Di–So 9–18 Uhr, im Juli/Aug. tgl.).

Murnau ▶ Garmisch-Partenkirchen

Weiter auf der B 2, am Isarnebenfluss Loisach entlang, nach **Garmisch-Partenkirchen** (25 km). Mit den Olympischen Winterspielen 1936 zu internationaler Prominenz gelangt, hat sich die »Marktgemeinde« mit ihren 30 000 Einwohnern zum bedeutendsten und vielseitigsten touristischen Zentrum Oberbayerns entwickelt. Das verdankt sie vor allem auch Deutschlands höchstem Gipfel, der mit mehreren Bergbahnen erschlossenen **Zugspitze** (2962 m).

Eine Fahrt mit der traditionellen Zahnradbahn oder der Eibsee-Seilbahn gehört zu den Höhepunkten eines Ferienaufenthaltes in den bayerischen Alpen und bietet bei schönem Wetter ein großartiges Gipfelpanorama (Betriebszeiten und Preise: Bayerische Zugspitzbahn AG, Garmisch-Partenkirchen, Tel. 0 88 21/ 79 70, www.zugspitze.de).

Auch in den »unteren Etagen« bietet der Olympiaort viel: ein schönes altes Ortsbild, z. B. in der **Frühlingsstraße**, nebenan die alte Kirche **St.**

Martin, ein um 1280 begonnener gotischer Bau mit bedeutenden Fresken, und im Ortszentrum am Marienplatz die neue Pfarrkirche **St. Martin**, um 1735 erbaut und ein schönes Beispiel für die umfassende Rokokokunst der Wessobrunner Schule. Wer sich ein wenig in der Umgebung umschauen will, ohne den zeitraubenden Trip auf die Zugspitze zu machen: Ein Spaziergang über den **Kramerplateauweg** erschließt herrliche Perspektiven auf den Ort und das Wettersteingebirge im Süden. Gemütlich ist eine Fahrt mit der altmodischen Gondelbahn (ab Skistation) zum **Berggasthaus Eckbauer**, die sich mit einem Abstieg durch die hochdramatische **Partnachklamm** verbinden lässt.

Ettal ▸ Oberammergau

Zurück auf der B 2 bis nach Oberau, hier zweigt die B 23 nach Augsburg ab und erreicht als ersten Ort **Ettal** mit seinem berühmten Kloster (15 km). Eine ehrgeizige Gründung Kaiser Ludwig des Bayern um 1330. Man vermutet, dass der Kaiser mit dem Bau des Klosters nicht nur sein Seelenheil sichern wollte, sondern auch die Verkehrswege in Richtung Süden. Von dort – genauer gesagt, aus Pisa – hatte Ludwig auch den bedeutendsten Andachtsgegenstand der Kirche mitgebracht, die Marmorstatuette »**Ettaler Madonna**«, die ihren Platz im Hochaltar hat und seit jeher Ziel zahlreicher Wallfahrten ist. Im 18. Jh. ist dem gotischen zwölfeckigen Zentralbau im Zuge der umfassenden Barockisierung eine mächtige, weithin sichtbare Kuppel aufgesetzt worden. Bis in die Gegenwart zählt die Benediktinerabtei Ettal zu den bedeutenden Bastionen des Katholizismus in Deutschland. Zum Kloster gehören außerdem eine Brauerei, ein Hotel und eine Schaukäserei, ein Kunstverlag sowie ein angesehenes Internat. Auch der Ettaler Klosterlikör, den man im Klosterladen kaufen kann, ist zu empfehlen. 5 km weiter erreichen wir **Oberammergau**, das weltberühmte Passionsspieldorf und Heimat der »Herrgottschnitzer«. Die nächsten **Passionsspiele** werden, einem Gelübde aus dem Pestjahr 1633 folgend, nach 10-jähriger Pause wieder im Jahr 2010 stattfinden. Und wieder werden Hunderttausende Besucher das Spiel vom Leiden und Sterben Christi sehen wollen. Oberammergau ist auch ein Zentrum der »Lüftlmalerei«, die dem Straßenbild mit ihren farbenfrohen, fantasievollen Außendarstellungen ein unverwechselbares Gepräge gibt: Ein Musterbeispiel ist das berühmte Pilatushaus.

Jetzt wieder zurück nach Oberau auf die B 2 und weiter nach München zu fahren dürfte freilich nicht leicht fallen. Denn in Ettal und Oberammergau sind die Wegweiser nach **Linderhof** kaum zu übersehen. König Ludwig II. kleinstes und charmantestes Schloss (aber auch das einzige, das er vollendet hat) bezaubert mit seiner fantasievollen Parkanlage, die Versailles nachempfunden ist und die der Märchenkönig mit einer Venusgrotte, einem maurischen Kiosk und einem Neptunbrunnen hat ausschmücken lassen. Von Oberammergau wiederum kann man nach Norden in den **Pfaffenwinkel** abzweigen, wo es nicht nur die **Wieskirche** zu entdecken gilt, sondern auch die wunderbaren Kirchen in **Rottenbuch**, **Steingaden** und vielen anderen (auf den ersten Blick) unscheinbaren Dörfern.

Radtour durchs Isartal

CHARAKTERISTIK: Ein Ausflug mit S-Bahn und Fahrrad **DAUER:** Tagesausflug **LÄNGE:** ca. 20 km **ANFAHRT:** mit der S-Bahn-Linie 7 (Richtung Wolfratshausen) **EINKEHRTIPP:** Klosterbräustüberl, Kloster Schäftlarn 16, Tel. 0 81 78/ 36 94, www.schaeftlarn.de € KARTE ▶ S. 123, b 3–2

Das etwa 25 km lange Isartal zwischen Wolfratshausen und München ist als Freizeit- und Wanderparadies sowie als Floßfahrt-Gaudikulisse sehr beliebt. Mit einem geliehenen Fahrrad kann man bequem mit der S 7 nach **Wolfratshausen** hinausfahren; der Radtransport ist werktags außerhalb des Berufsverkehrs und an den Wochenenden ganztägig erlaubt.

Wolfratshausen ▶ Schäftlarn

Vom S-Bahnhof geht's nun über die Marienbrücke bei Puppling in das Naturschutzgebiet **Pupplinger Au**, eine großräumige Wildflusslandschaft. Und dann fahren Sie einfach flussabwärts im breiten Bett des Urstromtales, an Markierungen ist kein Mangel. Der kurze Abstecher zum **Kloster Schäftlarn** lohnt sich nicht allein wegen des beliebten Biergartens oder des Klosterbräu-stüberls, sondern auch wegen der schönen **Klosterkirche**, an deren Bau und Ausstattung mit Johann Baptist Gunezrainer, François de Cuvilliés, J. B. Zimmermann und J. B. Straub die bedeutendsten Künstler und Bauherren ihrer Zeit beteiligt waren. Von Schäftlarn geht es weiter flussabwärts, wo sich die steinigen Lagerplätze aneinanderreihen. Die nächste Brücke verbindet bereits die Villenvororte Pullach und Grünwald.

Eine Floßfahrt auf der Isar (▶ S. 125) zwischen Wolfratshausen und München ist ein feucht-fröhliches Vergnügen, bei dem natürlich auch viel Gerstensaft fließt.

Fast ein wenig futuristisch mutet die U-Bahn-Haltestelle Westfriedhof (Linie U 1) an. Für die Lichtgestaltung zeichnete Stardesigner Ingo Maurer verantwortlich.

Wissenswertes über München

Nützliche Informationen für einen gelungenen Aufenthalt: Fakten über Land, Leute und Geschichte sowie Reisepraktisches von A bis Z.

Auf einen Blick

Mehr erfahren über München – Informationen über Land und Leute, von Bevölkerung über Politik und Verwaltung bis Wirtschaft.

AMTSSPRACHE: Deutsch
BEVÖLKERUNG: 87% Deutsche, 23% Ausländer, davon 41% aus EU-Staaten
EINWOHNER: 1 350 000
FLÄCHE: 31 034 ha
INTERNET: www.muenchen.de
RELIGION: überwiegend römisch-katholisch
VERWALTUNG: 25 Stadtbezirke

Bevölkerung

München hat 1,35 Millionen Einwohner (Stand: Frühjahr 2009). Davon sind rund 310 000 (etwa 23%) Ausländer, wobei die EU-Ausländer unter diesen wiederum rund 41% ausmachen. München verzeichnet die größte Bevölkerungsdichte aller deutschen Großstädte und hat im Mai 2009 mit 1 351 747 Einwohnern die bisher höchste Einwohnerzahl seiner Geschichte erreicht. Während man im deutschen Gesamtraum langfristig mit einem Bevölkerungsrückgang rechnet, erwartet man für München aufgrund seiner positiven Wirtschaftsentwicklung sogar einen weiteren Anstieg der Bevölkerung.

Lage und Geografie

München liegt ca. 80 km nördlich der Bayerischen Alpen und auf etwa 530 m Höhe über NN in der sogenannten Münchner Schotterebene, einer während der letzten drei Eis-

◂ Das Hofbräuhaus (▸ S. 23) – Anziehungspunkt für Besucher aus aller Welt.

zeiten entstandenen Kiesschicht. In Richtung Norden fällt diese leicht zu den flachen Dachauer und Erdinger Moosgebieten hin ab, während sich südlich der Stadt eine sanfthügelige Moränenlandschaft in Richtung Gebirge wellt. München wird von der Isar in zwei etwa gleichgroße Hälften geteilt.

Politik und Verwaltung

München ist Landeshauptstadt des Freistaats Bayern, kreisfrei und gleichzeitig Sitz der Bezirksregierung von Oberbayern. Es gibt also außer dem Münchner Rathaus auch noch »höhere« politische- und Verwaltungsinstanzen. Sitz des bayerischen Parlaments ist das hoch über der Isar gelegene Maximilianeum; ein Großteil der Landesministerien drängt sich rund um den Odeonsplatz. Der Münchner Stadtrat dagegen, die kommunale Selbstverwaltung der Stadt München, tagt im Neuen Rathaus am Marienplatz. Die Münchner wählen ihren Stadtrat alle sechs Jahre, wobei, von wenigen Ausnahmen abgesehen, seit dem Zweiten Weltkrieg bisher stets SPD-geführte Koalitionen das Rennen gemacht haben. Damit steht die Stadt München in deutlichem Kontrast zum traditionell konservativ, nämlich CSU wählenden, bayerischen Freistaat. München war außerdem die erste Stadt, in der es eine schwul-lesbische Partei (die »Rosa Liste«) in das Stadtparlament schaffte – das war 1996. Oberbürgermeister ist seit 1993 Christian Ude, der auf überaus hohe Sympathiewerte in der Bevölkerung bauen kann.

Religion

Wie die üppig geschmückten Barockkirchen schon vermuten lassen, so ist München wie Südbayern überwiegend katholisch geprägt (38,3 % der Einwohner). Die Protestanten bringen es nur auf 14 %. 0,3 % der Münchner sind jüdischen Glaubens, während die Angehörigen anderer Religionen zusammen mit den Konfessionslosen 47,4 % ausmachen.

Sprache

In München wird Deutsch gesprochen – und Münchnerisch, eine Mundart, die zum Westmittelbairischen Dialekt gehört (auch »Altbairisch« genannt). So schön dieser auch anzuhören ist: Wie in vielen Großstädten ist der Dialekt auch in München deutlich auf dem Rückzug. Kinder beherrschen ihn leider kaum mehr. Vor allem alte Leute oder vom Land zugezogene Neumünchner sprechen ihn noch.

Wirtschaft

In einem von der Zeitschrift »Wirtschaftswoche« durchgeführten Städteranking belegte München 2009 zum sechsten Mal in Folge den ersten Platz: In Sachen Wirtschaftskraft und Wohlstand kann es keine andere deutsche Stadt mit der bayerischen Landeshauptstadt aufnehmen. 2008 erwirtschafteten die Münchner, also 21 % der Bevölkerung Bayerns, 30 % dessen Bruttoinlandsprodukts. Stark ist die Münchner Wirtschaft vor allem, weil sie so vielseitig ist. Wichtig sind vor allem der Dienstleistungssektor (z. B. haben viele Versicherungen ihren Sitz hier), die Medienwirtschaft (allein 161 Verlage!), die Autoindustrie (BMW, MAN) und die Hightech-Branche.

Geschichte

1158

Stadtgründung durch Heinrich den Löwen.

1180

Otto von Wittelsbach wird bayerischer Herzog.

1255

München wird Residenzstadt.

1293

Baubeginn der neuen Stadtbefestigung (noch erhalten: Karlstor, Isartor, Sendlinger Tor).

1314–1347

Regierungszeit Ludwig des Bayern (Krönung zum Kaiser 1328).

1327

Die Stadt erleidet eine große Feuersbrunst wie auch in den Jahren 1418, 1432 und 1590.

1348/1349

Die Pest wütet in der Stadt (auch 1433, 1463, 1483, 1515/1517, 1572, 1634).

1385

Baubeginn der Neuveste, aus der die heutige Residenz entstanden ist.

1468

Grundsteinlegung zur Frauenkirche.

1470

Baubeginn des Alten Rathauses.

1552

Vermutlich Baujahr des ältesten erhaltenen Bürgerhauses in der Stadt, des Weinstadl.

1597–1651

Regierungszeit von Kurfürst Maximilian I.

1600

Maximilian I. baut die neue Residenz.

1632

Gustav Adolf von Schweden besetzt im Dreißigjährigen Krieg München.

1663

Baubeginn der Theatinerkirche und des Nymphenburger Schlosses.

1679–1726

Regierungszeit Max Emanuels, des »Blauen Kurfürsten«.

1745–1777

Regierungszeit Kurfürst Max III. Joseph, des »Vielgeliebten«.

1751

Baubeginn des Residenztheaters durch François de Cuvilliés (d. Ä.).

1789

Die Anlage des Englischen Gartens wird begonnen.

1805

Einzug Napoleons in München.

1806

München wird königliche Haupt- und Residenzstadt Bayerns.

1810

Das erste Oktoberfest findet statt. Grund ist die Vermählung des Kronprinzen Ludwig mit Therese von Sachsen-Hildburghausen.

1825–1848
Regierungszeit König Ludwig I.

1826
Verlegung der Universität von Ingolstadt nach München.

1836 und 1854
Die Cholera fordert viele Opfer.

1848–1864
Regierungszeit König Maximilian II.

1854
München wird Großstadt mit 100 000 Einwohnern.

1864–1886
Regierungszeit König Ludwig II.

1867
Baubeginn des Neuen Rathauses.

1886–1912
Regentschaft des Prinzregenten Luitpold.

1906
Grundsteinlegung zum Deutschen Museum.

1918
Abdankung des letzten Königs, Ludwig III., aus dem Haus Wittelsbach. München wird Hauptstadt des Freistaates Bayern.

1919
Ausrufung der Räterepublik nach der Ermordung des Ministerpräsidenten Kurt Eisner durch den Offizier Anton Graf von Arco.

1923
Adolf Hitlers »Marsch auf die Feldherrnhalle«, blutig niedergeschlagener Putschversuch der Nationalsozialisten.

1931
Beim Brand des Glaspalastes werden zahlreiche wertvolle Bilder deutscher Romantiker vernichtet.

1943
Widerstandsbewegung »Weiße Rose« an der Universitat.

1943–1945
Schwere Luftangriffe im Verlauf des Zweiten Weltkrieges.

1945
30. April: Einmarsch der Amerikaner in die schwer zerstörte Stadt.

1946
Nach der neuen Bayerischen Verfassung ist München Hauptstadt des Freistaates Bayern.

1957
München wird Millionenstadt.

1958
800-Jahr-Feier. Höhepunkte: Wiedereröffnung des Cuvilliés-Theaters und ein Festumzug.

1972
Die XX. Olympischen Spiele finden in München statt. Das Olympiastadion mit dem charakteristischen Zeltdach gilt als bedeutendster deutscher Beitrag zur internationalen Architektur nach 1945.

2008
Mit 380 Veranstaltungen vom »Altstadtringfest« bis zum »Isarbrückenfest« feiern die Münchner im Sommer den 850. Geburtstag ihrer Stadt.

Kulinarisches Lexikon

A

Apfelkücherl – in heißem Fett ausgebackene Apfelküchlein

Apfelstrudel – längliche Rolle aus Strudelteig mit Apfelfüllung

Aufgeschmelzte Brotsuppe – Suppe aus altem Bauernbrot, gerösteter Zwiebel und Fleischbrühe

Auszog'ne – in heißem Fett ausgebackene Hefeteignudeln

B

Backstoakäs – stark duftender Limburger oder Romadur-Käse; er schafft schnell viel freien Raum um sich.

Bayerische Creme – kalorienreiches Dessert aus Eiern, Sahne, Vanille

Bayerischer Wurstsalat – Salat aus Stadtwurst oder Lyoner

Blaukraut – Rotkohl

Boeuf à la Mod – gekochtes Rindfleisch, Soße mit Rotwein abgeschmeckt, »Bifflamott« auf Serviererinnen-Bayerisch

Brustspitz – Braten mit Knochen vom Rind, auch »Siedfleisch«

D

Dampfnudeln – in Milch und Fett gedämpfte Hefenudeln, die im Dampf mächtig aufgehen, mit Vanillesoße angerichtet

Datschi – Blechkuchen, vor allem als Zwetschgendatschi (der Augsburger »Datschi« dagegen ist nicht genießbar, sondern eine mäßig freundliche Bezeichnung für Bewohner der Nachbarstadt)

E

Eierschwammerl – Pfifferlinge, Reherl

Einbrenne – Mehlschwitze

F

Fingernudeln – fingerlange Nudeln aus gekochten Kartoffeln, in der Pfanne ausgebacken

Fleischpflanz(er)l – die außerbayerische Verwandtschaft heißt Boulette, Fleischklops, Hamburger

G

Gelbe Ruam – Karotten, Mohrrüben

Gmias – Gemüse; mancher Rentner rechnet auch das Bier dazu (»Des oanzige Gmias, wo i no beißn ko«)

Goaßnmass – Gemisch aus Dunkelbier, Cola und Kirschlikör

Grießnockerl – Suppeneinlage aus Grieß, Butter und Eiern

Gschwollene – Würste aus Kalb- und Schweinefleischbrät, ohne Haut

Gselchtes – Geräuchertes

Guglhupf – Napfkuchen, in der typischen Form gebacken

H

Halbe – ein halber Liter Bier (in München nimmt leider die »Preußnhalbe« zu, das ist ein 4/10-Glas, also weniger Stoff fürs gleiche Geld)

Hax'n – Gebratene Kalbs- oder Schweinshaxe

Hendl – Hähnchen

Hollerkiachl – Holunderblütendolden, in heißem Fett ausgebacken

K

Kaiserfleisch – geräucherte Schweinebrust

Kaiserschmarrn – zerrupfter Pfannkuchen mit Butter und Rosinen

Kalbsvögerl – ausgelöste Kalbsstelze bzw. hauchdünn geklopfte Kalbsschnitzel, mit Schinken belegt, mit Essiggurke und Speck gefüllt

Kartoffelschmarrn – Kartoffelgericht mit viel »Bröseln«

Kasspatzn – Käsespätzle

Knöcherlsulz – Sülze in Aspik (aus Schweinefüßen)

Knödel – Klöße (das Vordringen des preußischen Kloßes auf bayerischen Speisekarten hat schon viele altbayerische Depressionen ausgelöst)

Krautwickerl – Kohlrouladen

Kräutelsuppe – Kerbelsuppe (traditionell am Gründonnerstag)

Kren – Meerrettich

Kronfleisch – Zwerchfell vom Rind

L

Leberkäs – Fleischkäse (enthält weder Leber noch Käse)

Leberknödel – Klöße mit Leber, für Suppe oder abgeröstet zu Speck und Kraut

M

Märzen(bier) – untergäriges Lagerbier, auch »Wies'n«-Bier genannt

Mass – (die) 1 Liter Bier (nicht mit langem »a« bestellen! Es sollen Gäste schon deshalb aus dem Wirtshaus verwiesen worden sein)

O

Obatzda – angemachter Camembert

Obstler – Branntwein aus Obst

P

Pfannakuachasuppn – Rindssuppe mit fein geschnittenen Pfannkuchen

Presssack – Sülzwurst aus gepökeltem Schweinskopf, mit Essig und Öl angemacht (schwarz und weiß)

R

Radi – Rettich

Radler – erfrischendes Getränk, halb Bier, halb Zitronenlimonade

Reherl – Eierschwammerl, Pfifferlinge

Reiberdatschi – Reibekuchen, Kartoffelpuffer

Ripperl – geräuchertes Schweinerippchen

Rohrnudeln – Gebäck aus Hefeteig, im Rohr gebacken

Russ – Gemisch aus Weizenbier und Zitronenlimonade

S

Saures Lüngerl – Lungenhaschee, auf österreichisch »Beuscherl«

Schmalznudeln – Hefegebäck, in heißem Schmalz ausgebacken

Schwammerl – Pilze aller Art, der Steinpilz im Besonderen

Schweinernes – Schweinebraten

Semmel – Brötchen, in München immer noch ein Fremdwort

Semmlschmarrn – Auflauf aus alten Semmeln, Milch und Rosinen

Steckerlfisch – Fisch am Spieß gebraten (Makrele, Forelle, Renke), muss vor allem auf Volksfesten dran glauben

Surhaxn – gepökelte Schweinshaxe (Eisbein)

T

Tellerfleisch – zartes Rindfleisch in der Brühe mit Meerrettich

V

Vogerlsalat – Feldsalat, auch Nisslsalat

W

Wammerl – Bauchfleisch vom Schwein, roh oder geräuchert

Weißbier – Weizenbier

Reisepraktisches von A–Z

ANREISE

MIT DEM AUTO

Aus allen Himmelsrichtungen führen Autobahnen nach München: Von Lindau und Garmisch, Salzburg und Innsbruck, Passau, Nürnberg oder Stuttgart erreicht man die bayerische Landeshauptstadt vier- oder sechsspurig. Informationen über die besten City-Zufahrten, Parkmöglichkeiten und Transitstrecken gibt es bei den Lotsenstationen am Ende der Autobahnen A 8 (Stuttgart bzw. Salzburg) und beim **ADAC-Info-Service:**

Tel. 0 18 05/10 11 12

MIT DER BAHN

Der Münchner **Hauptbahnhof** ist Knotenpunkt für Züge aller Art (auch IC und ICE) aus allen Richtungen – internationale vor allem auch nach Italien und Südosteuropa. Information und Fahrkartenverkauf im Reisezentrum in der Halle. Direkt darüber, auf der Galerie, haben die internationalen Mietwagenverleiher ihre Büros. Unterhalb der Haupthalle (in Ankunftsrichtung links) befindet sich der **S-Bahnhof**, Station für alle S-Bahn-Linien. Der Hauptbahnhof ist auch Kreuzungspunkt mehrerer U-Bahn-Linien.

Taxi-Standplätze befinden sich – in Ankunftsrichtung – vor sowie links und rechts neben dem Bahnhof.

Telefonische Zugauskunft unter Tel. 01 80/ 5 99 66 33. Kostenlose Fahrplanauskunft auch unter Tel. 08 00/150 70 90.

MIT DEM FLUGZEUG

München, zumindest das offizielle, ist stolz auf seinen Flughafen im Erdinger Moos, genauer gesagt: München–Flughafen »Franz Josef Strauß«. Anfang der 1990er-Jahre eröffnet, ist er ein knappes Jahrzehnt lang der modernste Airport Europas gewesen und in Deutschland nach dem Rhein-Main-Flughafen in Frankfurt der zweitgrößte.

Das alles tröstet leider nicht darüber hinweg, dass trotz guter **Verkehrsanbindung** die Innenstadt rund 30 km entfernt ist. Mit dem **Auto** (Taxi, Leihwagen) kommt man praktisch nur über die stauanfällige A 9 ins Zentrum und sollte mit einer durchschnittlichen Fahrzeit von 45 Min. rechnen.

Für eine **Taxifahrt** zum Hauptbahnhof muss man an die 50 € einkalkulieren! Zumindest billiger ist es mit dem **Lufthansa Airport Bus** (einfach 10,50 €, Rückfahrkarte 17 €), der zwischen 5.10 und 19.50 Uhr alle 20 Min. verkehrt. Ankunft (wie Abfahrt): Arnulfstraße, Hbf-Nord. Fahrzeit ca. 40 Min.

Am schnellsten ist die **S-Bahn** (S 1 und S 8). Die Fahrzeit beträgt ab Hauptbahnhof jeweils ca. 40 Min. Eine Einzelfahrt kostet 9,60 €, mit Streifenkarte (8 Streifen) fährt man günstiger (9,20 €).

Auf www.atmosfair.de und www.myclimate.org kann jeder Reisende durch eine Spende für Klimaschutzprojekte für die CO_2-Emission seines Fluges aufkommen.

AUSKUNFT

IN ÖSTERREICH UND SCHWEIZ

Deutsche Zentrale für Tourismus

Mariahilfer Str. 54 • 1070 Wien • Tel. 01/5 13 27 92 • www.deutschland-tourismus.at

Deutsche Zentrale für Tourismus
Talstr. 62 • 8001 Zürich • Tel. 044/ 2 13 22 00 • www.deutschland-tourismus.ch

IN MÜNCHEN

Fremdenverkehrsamt der Landeshauptstadt München
Postanschrift: 80331 München • Tel. 23 39 65 00 • (Auch Call-Center zur Hotelreservierung) • www.muenchen-tourist.de

Tourist-Information
– Am Hauptbahnhof, Bahnhofsplatz 2 • U-/S-Bahn: Hauptbahnhof • Mo–Sa 9–20, So 10–18 Uhr
▸ S. 148, a 3
– Am Marienplatz, im Neuen Rathaus • U-/S-Bahn: Marienplatz • Mo–Fr 10–20, Sa 10–16, So 10–14 Uhr
▸ S. 148/149, cd 4

BUCHTIPPS

Max Bronski: Nachtnebel (Piper, 2009) Immobilienspekulation, betrunkene Landtagsabgeordnete und ein Mord: In Max Bronskis München-Krimi betätigt sich ein Trödelhändler erfolgreich als Detektiv.
Ponkie: München leuchtet (Langen-Müller, 2008) München leuchtet? (Zitat Thomas Mann) – bei Ponkie nicht! Die Film- und TV-Kritikerin der Münchner »Abendzeitung« veröffentlicht unter Pseudonym, was nicht in unserem Reiseführer stehen darf. Man fragt sich nur, ist eigentlich München böse oder nur die Autorin? Jedenfalls trifft sie meistens den Punkt, wo es ein bisschen, also schön wehtut.
Christian Ude: Stadtradeln (dtv, 2000) Eine ungenierte Liebeserklärung an München, geschrieben vom Oberbürgermeister Christian Ude – und ein vergnügliches Plädoyer fürs Radfahren obendrein.
Außerdem sind zu München ein **MERIAN-*Reiseführer*** (TRAVEL HOUSE MEDIA, 2008) und ein **MERIAN-Magazin** (TRAVEL HOUSE MEDIA, 2006) im Handel erhältlich.

DIPLOMATISCHE VERTRETUNGEN

Österreichisches Generalkonsulat ▸ S. 147, E 13
Bogenhausen • Ismaninger Str. 136 • Tel. 99 81 50 • www.bmeia.gv.at/botschaft/gk-muenchen.html

Schweizerisches Generalkonsulat ▸ S. 148, a 1
Maxvorstadt • Brienner Str. 14 • Tel. 2 86 62 00 • www.eda.admin.ch/muenchen

FEIERTAGE

1. Jan. Neujahr
6. Jan. Heilige Drei Könige
Karfreitag
Ostermontag
1. Mai Tag der Arbeit
Christi Himmelfahrt
Pfingstsonntag
Pfingstmontag
Fronleichnam
15. Aug. Mariä Himmelfahrt
3. Okt. Tag der deutschen Einheit
1. Nov. Allerheiligen
25./26. Dez. 1./2. Weihnachtsfeiertag

GELD

1 €	1,47 SFr
1 SFr	0,67 €

INTERNET

www.muenchen.de
Auf der offiziellen Website der Stadt München steht alles, was für einen

NEBENKOSTEN

1 Tasse Kaffee	2,50 €
1 Bier (0,5 l)	3,50 €
1 Breze	0,55 €
1 Portion Schweinebraten mit Beilagen	8,00–10,00 €
1 Liter Benzin	1,15–1,35 €
Öffentl. Verkehrsmittel, Einzelfahrt	2,40 €
Mietwagen/Tag	ab 39 €

München-Besuch von Interesse ist. Baustellen, Open-Air-Konzerte.

www.mvv-muenchen.de/ www. mvg-mobil.de

Auf diesen beiden Seiten des öffentlichen Nahverkehrs gibt es Fahrplan-, Linien- und Preisauskünfte.

www.prinz.de

Informationen über Veranstaltungen, Gastronomie und Lifestyle.

MEDIZINISCHE VERSORGUNG

KRANKENVERSICHERUNG

Für Österreicher und Schweizer ist die Vorlage einer Europäischen Versicherungskarte (EHIC) ausreichend. Als zusätzlicher Versicherungsschutz empfiehlt sich der Abschluss einer Auslandskrankenversicherung, da diese Krankenrücktransporte mitversichert.

KRANKENHAUS

Klinikum rechts der Isar

▸ S. 147, E 14

Bogenhausen • Ismaninger Str. 22 • Tel. 41 40-0 • www.med.tu-muenchen.de

APOTHEKEN

Apotheken sind in der Regel von Mo–Fr von 8.30–18.30 und Sa von 8.30–13 Uhr geöffnet.

Internationale Hauptbahnhof Apotheke

▸ Klappe vorne, a 3

Bahnhofsviertel • Bahnhofplatz 2 • Tel. 59 98 90 40 • Mo–Fr 7–20 Uhr.

NOTRUF

Euronotruf: Tel. 112 (Polizei, Feuerwehr, Rettungsdienst)

POST

Briefmarken erhält man in den Postfilialen. Eine Postkarte nach Österreich und die Schweiz kostet 0,65 €.

REISEDOKUMENTE

Österreicher und Schweizer können mit einem gültigen Reisepass oder Personalausweis (Identitätskarte) einreisen. Kinder unter 16 Jahren müssen im Pass eines Elternteils eingetragen sein oder benötigen einen Kinderausweis.

REISEWETTER

Aufgrund seiner Lage am Alpennordrand hat München ein kontinental geprägtes Klima mit zum Teil recht extremen Schwankungen. Harte Winter sind zwar selten geworden, jedoch muss zwischen November und März immer wieder mit Schneefällen gerechnet werden. Manchmal liegt München unter einer dicken Nebeldecke, während nur eine Autostunde südlich der Landeshauptstadt herrlichstes Sonnenwetter in den Alpen herrscht.

Die Sommer können echte Hitzeperioden bringen, im Nordstau der Alpen halten sich aber auch hartnäckig Tiefdruckgebiete. Weißblauen Himmel und Biergartentemperaturen bringt das markanteste Wetterphänomen im Alpenvorland, der **Föhn**. Im Winter sorgt er binnen weniger Stunden für Wetterumschwünge von Dauerfrost zu milden 15 °C, im Frühjahr und Herbst für sommerliche Werte, und im Sommer beschert er den Münchnern ein Bilderbuchwetter.

TELEFON

Vorwahlen:

A, CH ▸ Deutschland 0049
Deutschland ▸ A 0043
Deutschland ▸ CH 0041
München 089

TIERE

Hunde und Katzen aus Österreich und der Schweiz benötigen zur Einreise einen EU-Heimtierausweis bzw. Schweizer Heimtierausweis (stellt der Tierarzt aus) mit Nachweis einer Tollwutimpfung. Das Tier muss durch einen Mikrochip oder – nur noch bis Juli 2011 akzeptiert – durch eine Tätowierung identifizierbar sein. Für Schweizer Hunde und Katzen ist zusätzlich eine Gesundheitsbescheinigung erforderlich, die ebenfalls der Tierarzt ausstellt.

VERKEHR

AUTO

Um die Luftqualität zu verbessern, hat München nach langem Hin und Her die »Feinstaub-Plakette« eingeführt: Diesen Aufkleber brauchen Autos (auch auswärtige) zum Befahren der innerhalb des Mittleren Ringes gelegenen »Umweltzone«. Ausgegeben wird die Plakette an alle Fahrzeuge mit geregeltem Katalysator (Benziner) bzw. Rußpartikelfilter (Diesel). Den Antrag stellt man online unter www.muenchen.de/kvr – und kalkuliert sicherheitshalber zwei Wochen Bearbeitungsfrist ein.

FAHRRAD

700 km Radwege (die schönsten führen an der Isar entlang), 22 000 Radständer und Fahrradmitnahme (zu bestimmten Zeiten) in allen U- und S-Bahnen: Wer da noch mit dem Auto durch München fährt, ist wirklich selbst schuld. Zumal erwiesen ist, dass man innerhalb des Stadtgebiets ein Ziel, das nicht weiter als 5 km entfernt liegt, mit dem Fahrrad schneller erreicht als mit jedem anderen Verkehrsmittel. Auszuleihen gibt es Fahrräder z. B. beim Rad-Service der DB »Call a Bike« (www.callabike-interaktiv.de) an allen größeren Straßenkreuzungen oder, auf die klassische Art, bei Radius Tours (Arnulfstr. 3, Tel. 55 02 93 74, www.radius-tours. com, Tagesmiete ab 14,50 €).
Ein jährlich aktualisierter Fahrrad-Stadtplan hilft auch Touristen, sich schnell auf Münchner Radwegen zurechtzufinden. Der Plan liegt kostenlos im Umweltladen auf (Rindermarkt 16, Tel. 23 32 66 66, geöffnet

Mittelwerte	JAN	FEB	MÄR	APR	MAI	JUN	JUL	AUG	SEP	OKT	NOV	DEZ
Tages-temperatur	2	4	8	13	17	21	23	22	19	14	7	3
Nacht-temperatur	-5	-4	-1	3	7	10	12	12	9	4	0	-4
Sonnen-stunden	2	3	4	5	6	7	8	7	6	4	2	2
Regentage pro Monat	11	10	11	12	13	14	12	12	9	8	11	11

Mo, Di, Do und Fr 9–12 und 13–17.30 Uhr).

ÖFFENTLICHE VERKEHRSMITTEL

Weil München keine »autofreundliche« Stadt ist, ist es ratsam, sich mit dem **Münchner Verkehrs- und Tarifverbund** (MVV) und der **Münchner Verkehrsgesellschaft mbH** (**MVG**) anzufreunden. Das immer noch dichter werdende Netz von S-Bahn, U-Bahn, Trambahn und Bussen funktioniert gut. Nur hat der Münchner Verkehrsverbund es noch immer nicht geschafft, sein verzwicktes Tarifsystem für die Kunden transparenter zu machen.

Wer nur einen Tag oder zwei bleiben will, fährt mit einer **Tageskarte**, die im gesamten Innenstadtbereich gültig ist, am besten. Die kostet derzeit 5,20 € für Erwachsene, 2,50 € für Kinder. Die **Partner-Tageskarte**, gültig für 2 Erwachsene, 3 Kinder, 1 Hund, kostet 9,40 €.

Recht attraktiv ist auch die **City TourCard**. Mit diesem Ticket kann der München-Besucher alle Angebote des öffentlichen Nahverkehrs im Stadtgebiet nutzen.

Die CityTourCard wird in zwei Varianten angeboten: als Tageskarte für 9,80 € und als 3-Tageskarte für Innennetz (18,80 €) und Gesamtnetz (29,50 €). Partner sind touristische Highlights wie etwa das BMW Museum oder Schloss und Park Nymphenburg, aber auch verschiedene gastronomische Betriebe. Die meisten Rabatte liegen bei 20 % und mehr. Wer länger in der Stadt bleibt und öffentliche Verkehrsmittel nur gelegentlich benutzen will, fährt mit der normalen **Streifenkarte** – zurzeit zahlt man für 10 Streifen 11,50 € – am günstigsten. Eine originelle und nützliche Einrichtung ist die **Museums-Buslinie 100**. Sie verkehrt zwischen Ostbahnhof und Hauptbahnhof und verbindet viele der wichtigsten Museen.

MVV (Münchner Verkehrsverbund)
Infotelefon: 41 42 43 44 • www.mvv-muenchen.de
MVG-Plan ▸ Klappe hinten

TAXI

Die Grundgebühr beträgt 2,90 €, der Kilometer kostet ab 1,60 € (bis 5 km). Nur wenige »schwarze Schafe« fahren Umwege, um den Fahrpreis hochzutreiben.

Funktaxi-Zentrale • Tel. 2 16 10 und 1 94 10

ZEITUNGEN UND ZEITSCHRIFTEN

Die meistgelesenen Tageszeitungen sind die »Süddeutsche Zeitung« (SZ), der »Münchner Merkur« sowie die Boulevardblätter »Abendzeitung« (AZ) und »tz«.

ZOLL

Reisende aus Österreich dürfen Waren abgabenfrei mit nach Hause nehmen, wenn diese für den privaten Gebrauch bestimmt sind. Bestimmte Richtmengen sollten jedoch nicht überschritten werden (z. B. 800 Zigaretten, 90 l Wein, 10 kg Kaffee). Weitere Auskünfte unter www.zoll.de und www.bmf.gv.at/zoll.

Reisende aus der Schweiz dürfen Waren im Wert von 300 SFr abgabenfrei mit nach Hause nehmen, wenn diese für den privaten Gebrauch bestimmt sind. Tabakwaren und Alkohol fallen nicht unter diese Wertgrenze und bleiben in bestimmten Mengen abgabenfrei (z. B. 200 Zigaretten, 2 l Wein). Weitere Auskünfte unter www.zoll.ch.

Kartenatlas

Maßstab 1:20 000

Legende

Spaziergänge

- Vom Glockenbach zum Gärtnerplatz (S. 108)
- Vom Lehel nach Haidhausen (S. 110)
- Die Isar entlang (S. 112)
- Schwabing von der Uni bis zur Münchner Freiheit (S. 114)

Sehenswürdigkeiten

- 10 MERIAN-TopTen
- 10 MERIAN-Tipp
- Sehenswürdigkeit, öffentl. Gebäude
- Sehenswürdigkeit Kultur
- Sehenswürdigkeit Natur
- Kirche; Kloster

Sehenswürdigkeiten ff.

- Schloss, Burg
- Synagoge
- Museum
- Denkmal; Gedenkstätte
- Turm

Verkehr

- Autobahn
- Autobahnähnliche Straße
- Fernverkehrsstraße
- Hauptstraße
- Nebenstraße
- Fußgängerzone
- P P Parkmöglichkeit

Verkehr ff.

- B Busbahnhof
- U U-Bahn
- S S-Bahn
- DB Bahnhof
- Flughafen
- Flugplatz

Sonstiges

- i Information
- Theater
- Markt
- Zoo
- Aussichtspunkt
- Friedhof

A
B
C
1
2
3
4
Moosach
Amphion-park
St. Mauritius
Westfriedhof
Aussegnungshalle
Wintrichring
Georg-Brauchle-Ring
Dachauer Str.
Allacher Str.
Baldur-Str.
Nederlinger Str.
Röthe Linde
Ludwig-Jall-Halle
Sportpark des Postsportvereins
Krankenanst. des Dritten Ordens
Menzinger Str.
Stuttgart
Palmenhaus
Inst. d. Engl. Frl.
Allerhlg. Dreifaltigkeits-K.
Botanischer Garten
M.-Ward-Gymn.
Alter Nymphenb. Friedhof
Zoolog. Staatssamml.
Museum Mensch und Natur
Orangerie
Porzellan Manufaktur Nymphenburg
Städt. Bürgerheim
Nymphenburg-Biederstein-Kanal
Alten-heim
Gern
Schlosskanal
Nördliche Auffahrtsallee
Südliche Auffahrtsallee
Gerner Brücke
Schloss Nymphenburg
Nymphen-burg
Porzellan-sammlung Bäume
Marstall-museum
Amalienburg
Krankenh. d. Barmh. Brüder
Christkönigk.
Kath. Apost. Gemeinde
Neuap. Kirche
Rondell Neuwittelsbach
Blindenheim
Neu-
Notburgastr.
Romanplatz
Arnulf-Str.
Wotanstr.
Stephanusk.
Wertstoffhof
K.-Kollwitz-Gymn.
Steubenplatz
Hubertus-Str.
Washingtonstr.
Hirschgarten
Frachtpostzentrum
St. Clemens
Laimer Unterführung
Birketweg
Wilhelm-Hale-Str.

144

Uptown-Hochhaus
Georg-Brauchle-Ring
Amt für Abfallwirtschaft
Agnes-Pockel-Bogen
Stadtwerke München (SWM-Zentrum)
Borstei
Werner-Seelenbinder-Weg
Kolehmainenweg
Tennisanlage
Lovelockweg
Brundageplatz
BMW Welt
Hans-Braun-Brücke
Spiridon-Louis-Ring
Lillian-Board-Weg
Walter-Bathe-Weg
Olympia-Eisstadion
Willi-Daume-Pl.
Olympiahalle
Coubertinplatz
Werner-v.-Linde-Halle
Olympiastadion (Olympia-Zeltdach-Tour)
Olympiapark
Fernsehturm (Olympiaturm) (290)
Olympia-Schwimmhalle
SEA LIFE München
Theatron
Freilichtbühne
Olympiasee
Toni-Merkens-Weg
Ernst-Curtius-W.
Sapporobogen
W.-Dörpfeld-Weg
Martin-Luther-King-Weg
Olympiaberg (564)
Event-Arena
Gebhardt-Ufer
Montessori-schule
Dachauer Str.
Landshuter Allee
Dantepark
Bundeswehrverwaltungszentrum
Russ.-orthod. Kapelle
Rudolf-Harbig-Weg
Hedwig-Dransfeld-Allee
Kreiswehrersatzamt
Helene-Lange-Weg
Lily-Braun-Weg
Hel.-Weber-Allee
Tierklinik
Rosa-Luxemburg-Platz
Ackermannstr.
Wohngebiet »Am Ackermannbogen«
Nürnberger Pl.
Erholungspark
Simeonipl.
Dall' Armi Hm.
Ebenau
Heideckstr.
St.-Theresia-Karmeliterkl.
Christusk.
Dom-Pedro-Pl.
Dom-Pedro-Str.
Leonrodplatz
Leonrodstr.
Schwere-Reiter-Str.
Luitpold-Kaserne
Vitalis
St. Barbara
Theater
Theaterakademie
Landesamt f. Umweltschutz
DRK
Zentralbibl.
Flurbereinig.-direktion
Staatl. Chem. Unters.-Anstalt
Techn. Inst.
Städt. Waisenhaus
Fernmeldetechnik Zentrum
Bayer. Hauptstaatsarchiv
Sozialamt Nord
Platz der Freiheit
Rotkreuzpl.
Landesamt f. Wasserwirtschaft
Haus der Blinden
Fachhochschule
Deutsches Herzzentrum
St. Benno
Ferdinand-Miller-Platz
Maillingerstr.
Innere Mission
Blutenburgtheater
Nymphenburger Str.
Strafjustizzentrum
Stiglmaierplatz
St. Vincenz
Bay. Landeskriminalamt
Finanzämter II-V
Posseltpl.
1
2
3
4
142
145
D
E
0 300 m
N
©MERIAN-Kartographie

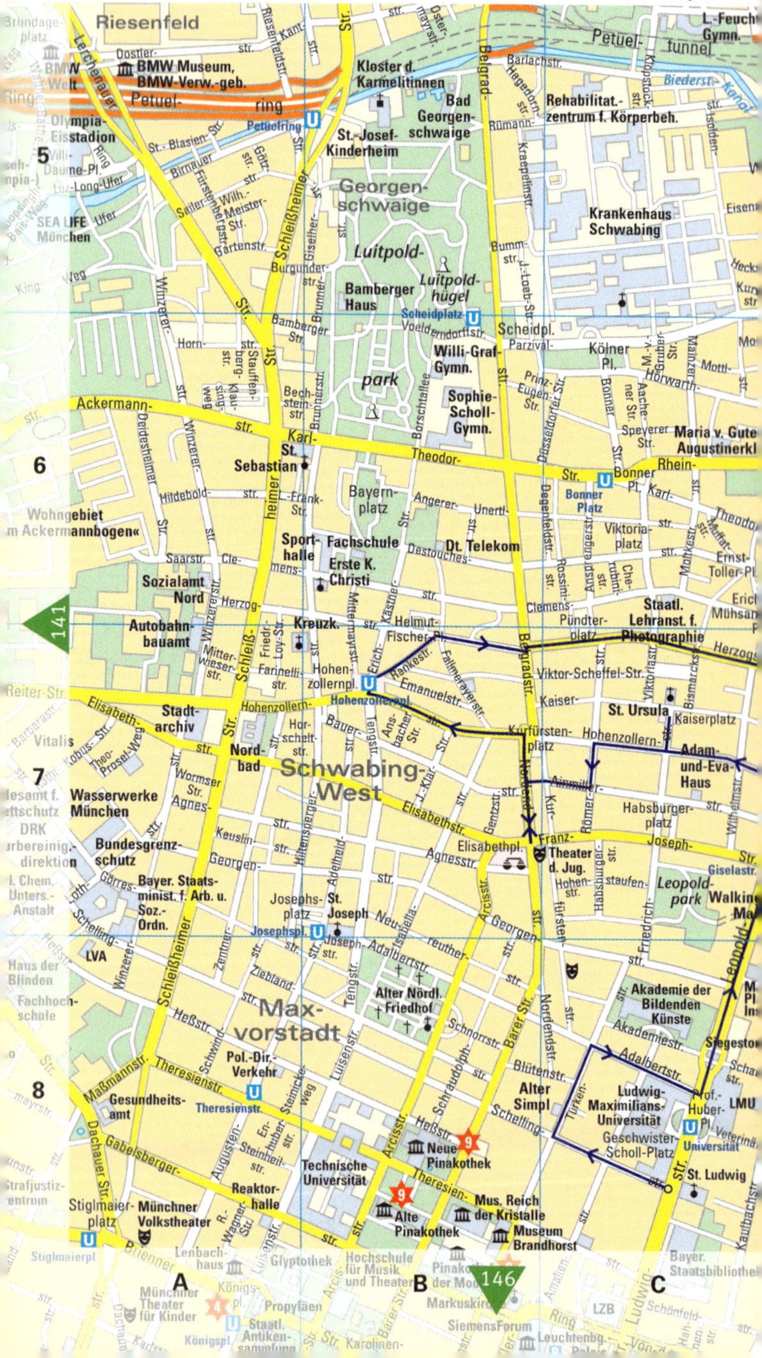
A
B
C
5
6
7
8
141
146
Deutsches Museum Flugwerft Schleißheim
Riesenfeld
BMW Welt
BMW Museum, BMW-Verw.-geb.
Petuelring
Petuel-tunnel
Olympia-Eisstadion
SEA LIFE München
Kloster d. Karmelitinnen
Bad Georgenschwaige
St.-Josef-Kinderheim
Georgenschwaige
Luitpoldpark
Luitpoldhügel
Bamberger Haus
Scheidplatz
Scheidpl.
Willi-Graf-Gymn.
Sophie-Scholl-Gymn.
L.-Feuchtwanger-Gymn.
Rehabilitat.-zentrum f. Körperbeh.
Krankenhaus Schwabing
Biederst. Kanal
Kölner Pl.
Maria v. Guten Rat Augustinerkl.
Bonner Platz
Viktoriaplatz
Ackermannstr.
Karl-Theodor-Str.
St. Sebastian
Wohngebiet »Ackermannbogen«
Bayernplatz
Sporthalle
Fachschule
Erste K. Christi
Dt. Telekom
Sozialamt Nord
Autobahnbauamt
Kreuzk.
Hohenzollernpl.
Hohenzollernplatz
Staatl. Lehranst. f. Photographie
St. Ursula
Kaiserplatz
Adam-und-Eva-Haus
Kurfürstenplatz
Stadtarchiv
Nordbad
Schwabing-West
Wasserwerke München
Bundesgrenzschutz
Bayer. Staatsminist. f. Arb. u. Soz.-Ordn.
LVA
Josephsplatz
St. Joseph
Josephspl.
Elisabethpl.
Theater d. Jug.
Habsburgerplatz
Leopoldpark
Alter Nördl. Friedhof
Akademie der Bildenden Künste
Maxvorstadt
Pol.-Dir. Verkehr
Theresienstr.
Gesundheitsamt
Alter Simpl
Ludwig-Maximilians-Universität
Geschwister-Scholl-Platz
Universität
Prof.-Huber-Pl.
LMU
St. Ludwig
Siegestor
Neue Pinakothek
Alte Pinakothek
Technische Universität
Mus. Reich der Kristalle
Museum Brandhorst
Reaktorhalle
Stiglmaierplatz
Münchner Volkstheater
Lenbachhaus
Glyptothek
Hochschule für Musik und Theater
Pinakothek der Moderne
Propyläen
Königsplatz
Staatl. Antikensammlung
Münchner Theater für Kinder
SiemensForum
Bayer. Staatsbibliothek
Schleißheimer Str.
Belgradstr.
Leopoldstr.
Elisabethstr.
Hohenzollernstr.
Barer Str.
Arcisstr.
Dachauer Str.
Gabelsbergerstr.
Nordendstr.
Schellingstr.
Georgenstr.
Adalbertstr.
Türkenstr.

D
E
F
Flughafen, Nürnberg
Fröttmaning
5
6
7
8
Schenkendorfstr.
Schenkendorf-str.
Alte Heide
Alte Heide
Bezirkssport-anl.
Allerseelenk.
Aussegnungsh.
Nordfriedhof
Nordfriedhof
Ungererstr.
Schwabing
Englischer Garten
Schwabinger Bach
Schwabinger See
Ungerer-bad
Brandenburger Str.
Isar-ring
Amsterdamer Str.
Luxemburger Str.
Traubestr.
Stengelstr.
Johann-Fichte-Str.
Danziger Str.
Neuap. K.
Potsdamer Str.
Off-Off-Theater
Dietlindenstr.
Erlöserk.
Derm. Klinik
Poliklinik Biederstein
Biederstein
Freizeitpark Biederstein
Mommsen-str.
Osterwaldstr.
Hirschau
Hirschau
Tennis-anlage
Forum
Theater am Sozialamt
Münchner Lach-und Schießgesellschaft
Gästehaus Engl. Garten
Isarring
Seehaus
Kleinhesseloher See
Tivoli-Kraftwerk
Eisbach
Isar
Kath. Akademie
Suresnes Schlössl
Standes-amt
Kleinhesselohe
Sport-anlage
John-F.-Kennedy-Brücke
Freizeitheim, Rumfordschlössl
Chinesischer Turm
Englischer Garten
Monopteros
Oberstjägermeisterbach
Tivoli
Ifflandstr.
Max-Joseph-Brücke
Montgelasstr.
Bogenhsr. Kirchpl.
Bundes-finanzhof
Heilig Blut
Herkomer-pl.
Denninger Str.
Bülowstr.
Oberföhringer Str.
Dreieinig-keitsk.
St. Georg
FKK-Gelände
147
© MERIAN-Kartographie
0
300 m
N

140
A
B
C
9
10
11
12
Hirschgarten
Frachtpostzentrum
St. Clem
Birketweg
Laimer Unterführung
Laim
Wilhelm-Hale-Str.
Backstage
Hirschgarten
Friedenheimer Brücke
DB AG Werk M.-Mitte
DB-Betriebsw (ICE)
Landsberger Str.
2
Horwerkstr.
Veit-
Stoß-
Brosamer-
Neuapost. K.
Agnes-
Schäufelein-str.
Bernauer-
Desingweg
Schrott-
Fröbel-platz
Z. d. Hlg. Zwölf Aposteln
Straubinger
Elsenheimer-
Valpichler-
Hogenberg-platz
Lot-send.-verw.
Ludwig-Richter-
Burger-platz
Wilhelm-Riehl-
Melde-stelle
Maria-Birnbaum-Str.
Westend-
Hansa-
Gotthardstr.
Zschokke-
Laimer Platz
Friedenheimer Str.
Westendstr.
Hörkher-
H.-Heine-Str.
Klem-Pauli-Weg
Friedenheim
Straßenbahn-betriebshof
Camerloher-
Tübinger
Hohenwarter Str.
Becher-
Omnibus-hof
TÜV
Sport-halle
Hans-Thonauer-
Aindorfer-
Fachner-
Meister-Mathis-Weg
Kfz. Zulassungs-stelle
Fischart-
Endelhauser-
Altmann-
Pfäffen-hofener Platz
Stephan-Lochner-Str.
Gutzkow-str.
Viebig-pl.
Droste-Hülshoff-Str.
Raublinger Str.
Leibniz-
G.-Büchner-Realschule
St. Philippus
Kärntner Platz
Käthe-Bauer-Weg
Grünten-
Säuling-
Nebelhorn-
Pfrontener Platz
Stegener Weg
Westendstr.
Rubihorn-
Schochenbergstr.
Ammersee-
Garmischer
Siegenburger
Bezirks-sport-anlage
Rudi-Sedlmayer-Sporthalle
Lindau
E54
96
Bayr. Landesschule f. Gehörlose
Albertinum
Thai-Sala (Pagode)
See-bühne
Friedrich-Brugger-Weg
Alfred-Ludwig-Weg
Sendling-Westpark
Erasmus-Grasser-Gymn.
Westpark (Westteil)
Ludwigsgymn.
Mittlerer Ring
Andreas-Vöst-Str.
Heiterwanger
Hinterbärenbad-
Fürstenrieder Str.
Meier-Helmbr.-Str.
Preßburger
Specklin-platz
Einsele-weg
E54
2R
Florian-Geyer-Str.
Krüner Str.
Krüner Platz
Raidinger
Ohlstadter
Westpark
Treffauer
Ehrwalder
Hochwanner-
Scharnitz-
St. Heinrich
Partnachpl.
Albert-
Holzapfel-kreuth
Garmisch-Partenkirchen, Salzburg

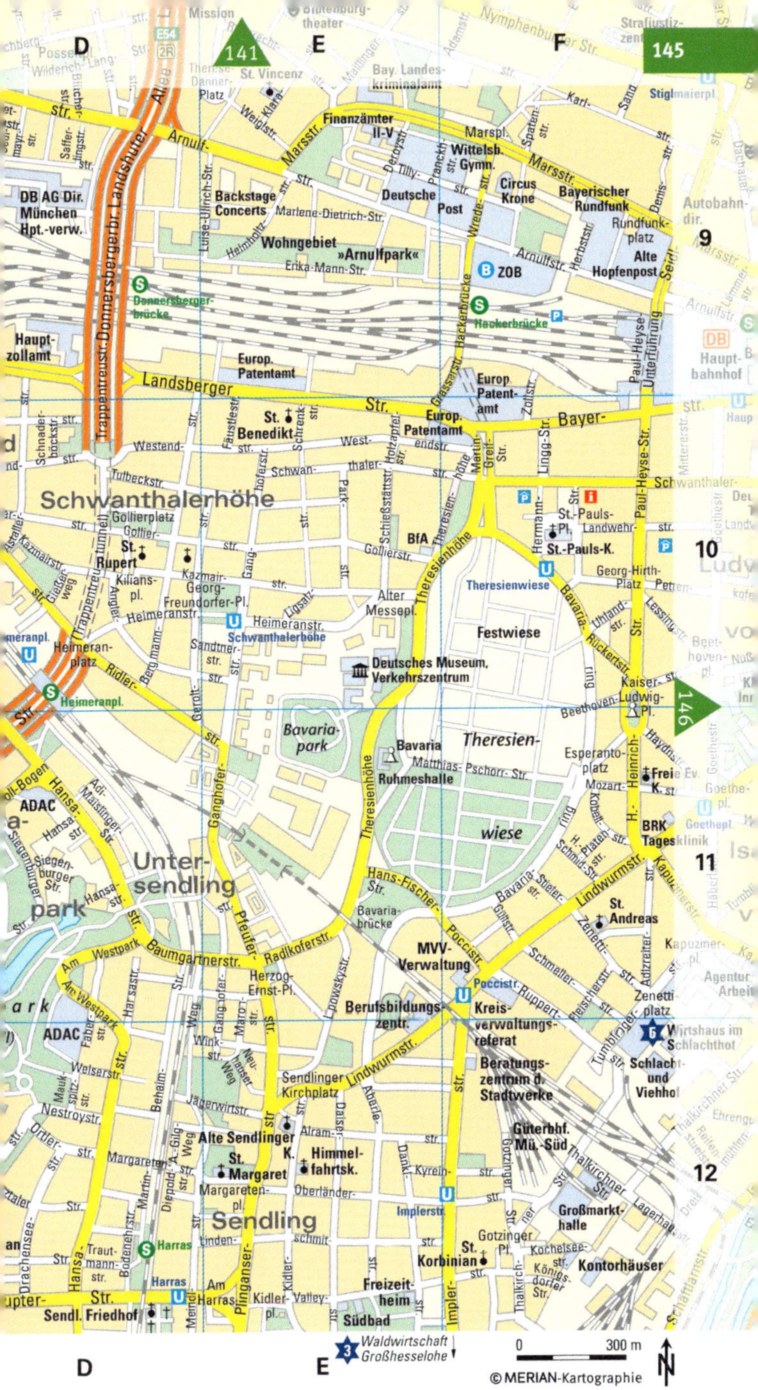
D
E
F
141
146
9
10
11
12
Mission
Stiglmaierpl.
Nymphenburger Str.
St. Vincenz
Bay. Landes-kriminalamt
Finanzämter II-V
Marspl.
Wittelsb. Gymn.
Marsstr.
Arnulf-str.
Donnersbergerbr.
Landshuter Allee
DB AG Dir. München Hpt.-verw.
Backstage Concerts
Marlene-Dietrich-Str.
Deutsche Post
Circus Krone
Bayerischer Rundfunk
Rundfunk-platz
Wohngebiet »Arnulfpark«
Erika-Mann-Str.
ZOB
Arnulfstr.
Alte Hopfenpost
Donnersberger-brücke
Hackerbrücke
Haupt-zollamt
Europ. Patentamt
Paul-Heyse-Unterführung
Hauptbahnhof
Landsberger Str.
Trappentreustr.
St. Benedikt
Bayerstr.
Westendstr.
Schwanthalerhöhe
Schwanthalerstr.
Tulbeckstr.
Gollierplatz
Gollierstr.
St. Rupert
Kazmairstr.
Georg-Freundorfer-Pl.
Kiliansplatz
Heimeranstr.
Schwanthalerhöhe
BfA
Alter Messepl.
Theresienhöhe
St.-Pauls-Pl.
St.-Pauls-K.
Landwehrstr.
Theresienwiese
Festwiese
Georg-Hirth-Platz
Bavariaring
Deutsches Museum, Verkehrszentrum
Heimeranpl.
Heimeran-platz
Ridlerstr.
Kaiser-Ludwig-Pl.
Beethovenpl.
Bavariapark
Bavaria
Ruhmeshalle
Theresienwiese
Matthias-Pschorr-Str.
Esperantoplatz
Mozartstr.
Freie Ev. K.
Goetheplatz
BRK Tagesklinik
ADAC
Hansastr.
Untersendling
Westpark
Hans-Fischer-Str.
Bavariabrücke
Lindwurmstr.
St. Andreas
Kapuzinerstr.
Baumgartnerstr.
Radlkoferstr.
Pfeuferstr.
MVV-Verwaltung
Poccistr.
Ruppertstr.
Herzog-Ernst-Pl.
Berufsbildungszentr.
Kreisverwaltungsreferat
Zenettiplatz
Wirtshaus im Schlachthof
Schlacht- und Viehhof
Beratungszentrum d. Stadtwerke
Sendlinger Kirchplatz
Alte Sendlinger K.
Himmelfahrtsk.
Güterbhf. Mü.-Süd
Thalkirchner Str.
St. Margaret
Margaretenpl.
Sendling
Implerstr.
Großmarkthalle
Harras
Gotzinger Pl.
St. Korbinian
Kontorhäuser
Freizeitheim
Südbad
Sendl. Friedhof
Waldwirtschaft Großhesselohe
0
300 m
N
© MERIAN-Kartographie

A
B
C
142
Reaktorhalle
Technische Universität
Theresienstr.
Alte Pinakothek
Reichstalle
Museum Brandhorst
Münchner Volkstheater
Stiglmaierpl.
Brienner Str.
Lenbachhaus
Glyptothek
Hochschule für Musik und Theater
Pinakothek der Moderne
Bayer. Staatsbibliothek
Münchner Theater für Kinder
Königspl.
Propyläen
Markuskirche
LZB
Staatl. Antikensammlung
Karolinenpl.
SiemensForum
Leuchtenbg.-Palais
Obelisk
Palais Ludwig Ferdinand
Von-der-Tann-Str.
Autobahndir.
St.-Bonifaz-Kloster
Graphische Sammlung
Finanzgarten
Prinz-Carl-Palais
13
Lenbachgärten
Fachhochschule
Pl.d.Opfer d.Nationalsoz.
Diana-Tempel
Odeonspl.
Hofgarten
Staatskanzlei
Alter Botanischer Garten
Sophiensaal
Maximilianspl.
Salvatorpl.
Literaturhs.
Theatinerk.
Marsstr.
Elisenstr.
Wittelsb. Br.
Erzb. Palais
Kriegerdenkm.
Arnulfstr.
Hauptbhf.
Justizpalast
Dreifaltigkeitsk.
Preysing-Palais
Feldherrnhalle
Karlspl.
DB
Hauptbahnhof
Bahnhofpl.
Maxburg
Kunsthalle d. Hypo-Kulturstiftung
Residenz
Künstlerhaus
Promenadepl.
Max-Joseph-Pl.
Prielmayerstr.
Karlspl.
Maxburgstr.
Maffeistr.
Schützenstr.
Karlspl. (Stachus)
Bürgersaal
National-theater
Hauptbhf.
Michaelsk.
Frauenkirche
Schlosserstr.
Karlstor
Neuhauser Str.
Polizeipräs.
Alter Hof
Maximilianstr.
A.-Kolping-Str.
Herzogspitalk.
Neues Raths.
Schwanthalerstr.
Kaufingerstr.
Marienpl.
Altes Raths.
Hofbräuhaus
Sonnenstr.
Damenstiftsk.
Deutsches Theater
Landwehrstr.
Radspieler
Spielzeugmus.
W. Brauhs. i. Tal
Alter Peter
14
Goethe-Inst.
Asamkirche u. Asamhaus
Löwenturm
Viktualienmarkt
Isartor
Ludwigsvorstadt
St. Elisabeth
Stadtmus.
Valentin-Karlstadt-Musäum
Jüd. Zentrum u. Jüd. Mus.
Neue Syn.
Frauenstr.
Sendl. Tor
Schrannenhalle
Sendlinger Tor
Feuerwehrmus.
Beethovenpl.
Nußbaumstr.
St. Jakob
Reichenbachpl.
St. Matthäus
Klinikum Innenstadt
Dt. Eiche
Baaderpl.
Blumenstr.
Städt. Hochhaus
Marionettentheater
Staatstheater am Gärtnerplatz
Gärtnerplatz
Herz-Jesu-K.
145
Stephanpl.
Lindwurmstr.
St. Stephan
Theater im Fraunhofer
Europäisches Patentamt
Goethepl.
Holzpl.
Mod. Theater
Museumsinsel
BRK Tageslinik
Fraunhoferstr.
Isarvorstadt
Alter Südlicher Friedhof
Westermühlstr.
Pestalozzi-gymn.
15
Erhardtstr.
Auenstr.
St. Maximilian
Reichenbachbrücke
Corneliusbrücke
Am Glockenbach
Baumstr.
Neuer Südlicher Friedhof
Kapuzinerpl.
Frühlingsanlagen
Mariahilfpl.
Mariahilfk.
Agentur für Arbeit
St. Martin
Sporthalle
Zenettiplatz
Landratsamt
Wirtshaus im Schlachthof
St.-Antonius-Kapuzinerkloster
Baldepl.
Kapelle
Schlachtund Viehhof
Stadtgärtnerei
Wittelsbacherbrücke
Schyrenplatz
Isartalstr.
Wannenbad
Humboldtstr.
Edlingerpl.
16
Schyrenbad
Kolumbuspl.
Südring
Isar
Braunauer Eisenbahnbrücke
Freibadbach
Lan. versorg.-amt
Kolumbuspl. (in Plan.)
Giesinger Berg
Hl. Kreuz
Tegernseer Landstr.
Hans-Mielich-Pl.
Tierpark Hellabrunn
A
B
C

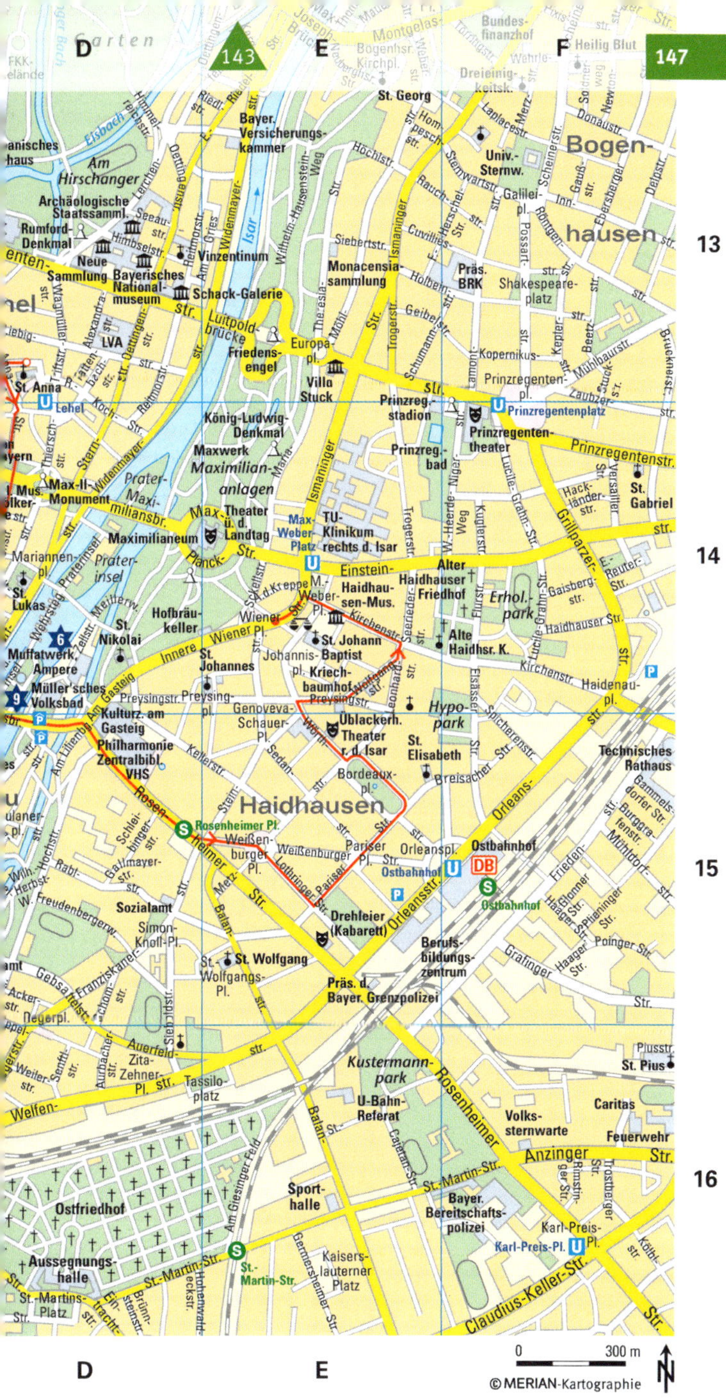
D
E
F
143
13
14
15
16
Bogenhausen
Haidhausen
Bayer. Versicherungskammer
St. Georg
Univ.-Sternw.
Archäologische Staatssamml.
Rumford-Denkmal
Neue Sammlung
Bayerisches National-museum
Schack-Galerie
Vinzentinum
Monacensia-sammlung
Präs. BRK
Shakespeare-platz
Am Hirschanger
Eisbach
Isar
Luitpoldbrücke
Friedensengel
Europa-pl.
Villa Stuck
Prinzregentenstr.
Prinzreg.-stadion
Prinzregentenplatz
Prinzregententheater
Prinzreg.-bad
König-Ludwig-Denkmal
Maxwerk
Maximiliananlagen
Max-II-Monument
Maximiliansbr.
Praterinsel
Maximilianeum
Theater ü. d. Landtag
Max-Weber-Platz
TU-Klinikum rechts d. Isar
Einsteinstr.
Haidhausen-Mus.
Alter Haidhauser Friedhof
Erhol.-park
St. Gabriel
St. Lukas
St. Anna
Lehel
Hofbräukeller
St. Nikolai
Wiener Pl.
St. Johann Baptist
Alte Haidhsr. K.
Kirchenstr.
Muffatwerk, Ampere
Müller'sches Volksbad
St. Johannes
Preysing-pl.
Kriechbaumhof
Kulturz. am Gasteig
Philharmonie
Zentralbibl.
VHS
Üblackerh. Theater r. d. Isar
Hypo-park
St. Elisabeth
Technisches Rathaus
Bordeaux-pl.
Rosenheimer Pl.
Weißenburger Pl.
Pariser Pl.
Orleanspl.
Ostbahnhof
Drehleier (Kabarett)
Orleansstr.
Sozialamt
Simon-Knoll-Pl.
St. Wolfgang
St.-Wolfgangs-Pl.
Präs. d. Bayer. Grenzpolizei
Berufsbildungszentrum
Kustermannpark
U-Bahn-Referat
Rosenheimer Str.
Volkssternwarte
Caritas
Feuerwehr
St. Pius
Anzinger Str.
Sporthalle
Bayer. Bereitschaftspolizei
Karl-Preis-Pl.
Claudius-Keller-Str.
Ostfriedhof
Aussegnungshalle
St.-Martins-Platz
St.-Martin-Str.
Kaiserslauterner Platz
Tassiloplatz
Welfenstr.
Negerpl.
Zita-Zehner-Pl.
0
300 m
N
©MERIAN-Kartographie

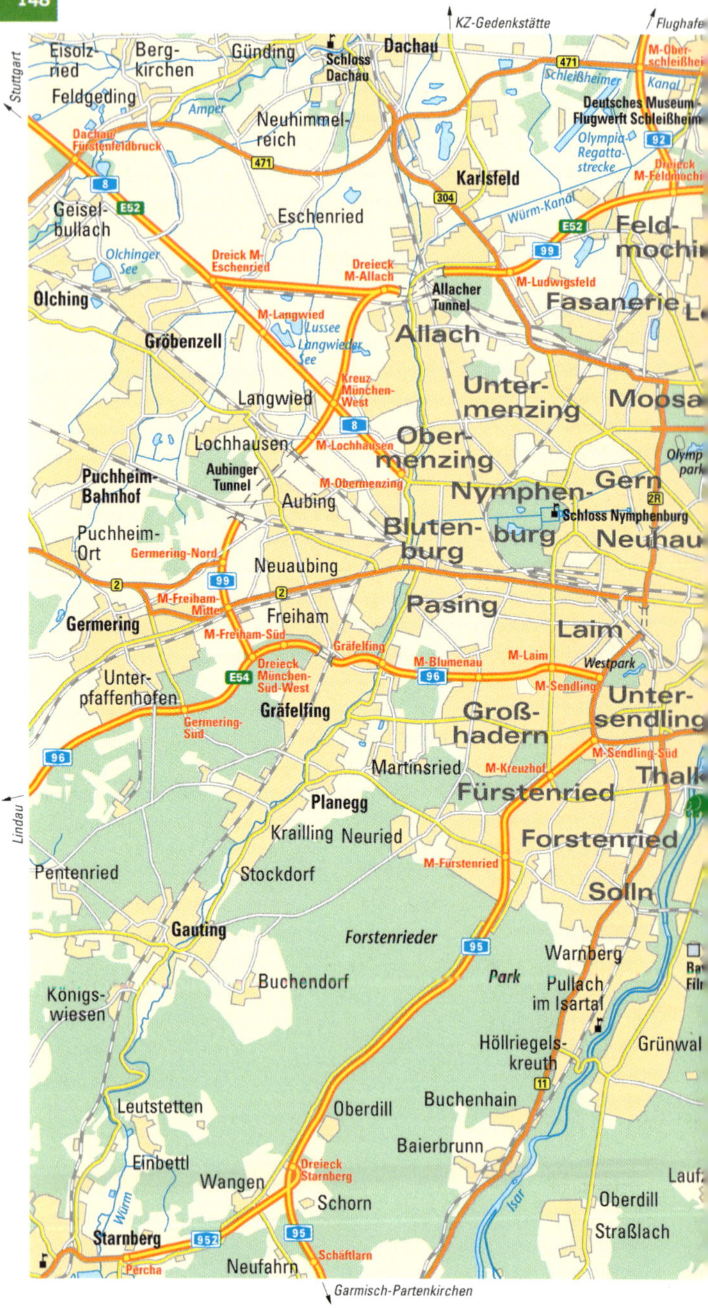
KZ-Gedenkstätte
Stuttgart
Lindau
Garmisch-Partenkirchen
Eisolzried
Bergkirchen
Günding
Schloss Dachau
Dachau
471
Schleißheimer Kanal
Feldgeding
Amper
Neuhimmelreich
Deutsches Museum-Flugwerft Schleißheim
Olympia-Regattastrecke
92
Dachau/Fürstenfeldbruck
471
Karlsfeld
8
304
Geiselbullach
E52
Eschenried
Würm-Kanal
E52
Olchinger See
Dreieck M-Eschenried
Dreieck M-Allach
99
M-Ludwigsfeld
Olching
Allacher Tunnel
Fasanerie
M-Langwied
Lussee
Langwieder See
Gröbenzell
Allach
Kreuz München-West
Untermenzing
Langwied
8
Lochhausen
M-Lochhausen
Obermenzing
Aubinger Tunnel
Puchheim-Bahnhof
M-Obermenzing
Nymphenburg
Gern
Aubing
2R
Schloss Nymphenburg
Blutenburg
Puchheim-Ort
Germering-Nord
99
Neuaubing
2
2
M-Freiham-Mitte
Freiham
Pasing
Germering
M-Freiham-Süd
Laim
Gräfelfing
Dreieck München-Süd-West
M-Blumenau
M-Laim
Westpark
E54
96
M-Sendling
Unterpfaffenhofen
Untersendling
Gräfelfing
Großhadern
Germering-Süd
M-Sendling-Süd
96
Martinsried
M-Kreuzhof
Fürstenried
Planegg
Krailling
Neuried
Forstenried
M-Fürstenried
Pentenried
Stockdorf
Solln
Gauting
Forstenrieder
95
Park
Warnberg
Buchendorf
Pullach im Isartal
Königswiesen
Höllriegelskreuth
11
Leutstetten
Oberdill
Buchenhain
Baierbrunn
Einbettl
Dreieck Starnberg
Wangen
Schorn
Würm
Isar
Oberdill
Starnberg
952
95
Straßlach
Schäftlarn
Percha
Neufahrn

Großraum München
0
3 km
N
Deggendorf
Flughafen München, Nürnberg
Salzburg, Aying
Hochbrück
Lustheim
Garching b. München
Garching-Süd
Fröttmaning-Nord
Kreuz München-Nord
Ismaning
Allianz-Arena
M-Fröttmaning-Süd
M-Freimann
Isar
Speichersee
Fischteiche
Freimann
Unterföhring
Feringasee
Aschheim/Ismaning
Landsham
Kirchheim
Grub
M-Frankfurter Ring
M-Schwabing
Hirschau
Aschheim
Kirchheim bei München
Heimstetten
Oberföhring
Englischer Garten
Bogenhsn.
Dornach
Feldkirchen
Parsdorf
Trabrennbahn Daglfing
M-Zamdorf
Riem
M-Riem
Feldkirchen-Ost
Kreuz München-Ost
Feldkirchen-West
M-Steinhausen
M-Daglfing
M-Am Moosfeld
Messe München
Parsdorf
Haidhsn.
Ottendichl
Weißenfeld
Trudering
Eglfing
Ostpark
Ramersdorf
M-Ramersdorf
M-Perlach
Neuperlach
Haar
Vaterstetten
M-Giesing
Perlach
Neukeferloh
Waldperlach
Putzbrunn
Neubiberg
Unterbiberg
Grasbrunn
Neubiberg
Unterhaching
Ottobrunn
Riemerling
Hohenbrunn
Unterhaching-Ost
Taufkirchen
Harthausen
Westerham
Taufkirchen-Ost
Hohenbrunn
Taufkirchen
Ottobrunn
Oberhaching
Kreuz München-Süd
Neukirchstockach
Höhenkirchen-Siegertsbrunn
Sauerlach
Deisenhofen
Brunnthal
Egmating
Otterloh
13
471
9
11
388
E45
99
471
94
2R
304
8
E52
E54
995
© MERIAN-Kartographie

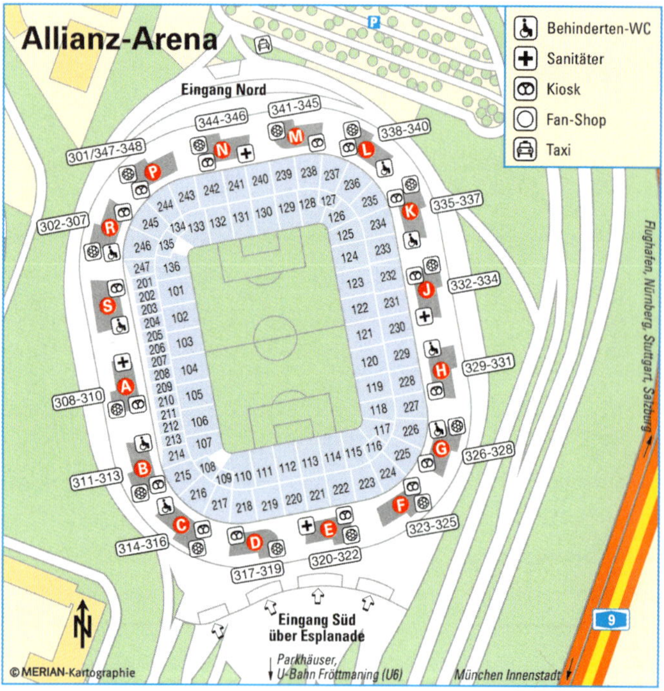
Allianz-Arena
Eingang Nord
Behinderten-WC
Sanitäter
Kiosk
Fan-Shop
Taxi
Eingang Süd über Esplanade
Parkhäuser, U-Bahn Fröttmaning (U6)
München Innenstadt
Flughafen, Nürnberg, Stuttgart, Salzburg
9
©MERIAN-Kartographie

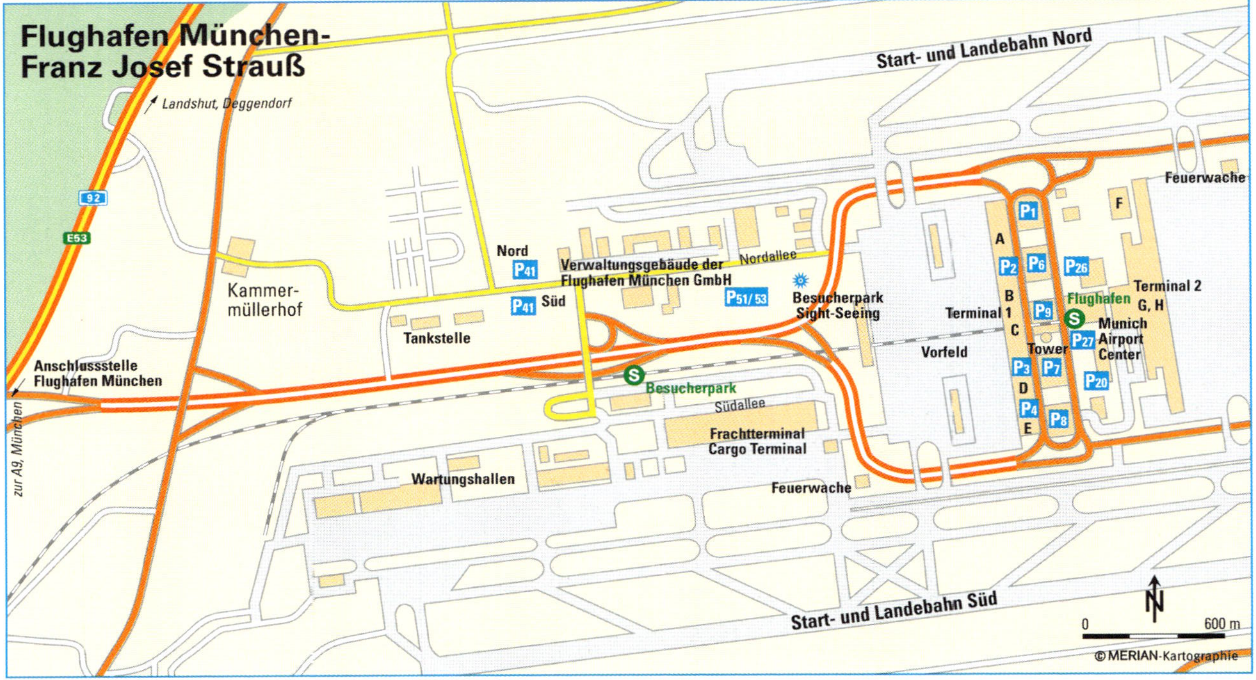
Flughafen München-
Franz Josef Strauß
Landshut, Deggendorf
92
E53
Start- und Landebahn Nord
Feuerwache
F
Terminal 2
G, H
Flughafen
Munich
Airport
Center
P1
P2
P6
P26
P9
P27
P3
P7
P20
P4
P8
A
B
Terminal 1
C
Tower
D
E
Vorfeld
Nordallee
Besucherpark
Sight-Seeing
P51/53
Verwaltungsgebäude der
Flughafen München GmbH
Nord
P41
Süd
Kammer-
müllerhof
Tankstelle
Anschlussstelle
Flughafen München
zur A9, München
Besucherpark
Südallee
Frachtterminal
Cargo Terminal
Feuerwache
Wartungshallen
Start- und Landebahn Süd
0
600 m
© MERIAN-Kartographie

Kartenregister

Orts- und Sachregister

Wird ein Begriff mehrfach aufgeführt, verweist die **fett** gedruckte Zahl auf die Hauptnennung, eine *kursive* Zahl auf ein Foto.
Abkürzungen:
Hotel [H]
Restaurant [R]

Liebe Leserinnen und Leser,
vielen Dank, dass Sie sich für einen Titel aus unserer Reihe MERIAN *live!* entschieden haben. Wir freuen uns, Ihre Meinung zu diesem Reiseführer zu erfahren. Bitte schreiben Sie uns an merian-live@travel-house-media.de, wenn Sie Berichtigungen und Ergänzungen haben – und natürlich auch, wenn Ihnen etwas ganz besonders gefällt.

Alle Angaben in diesem Reiseführer sind gewissenhaft geprüft. Preise, Öffnungszeiten usw. können sich aber schnell ändern. Für eventuelle Fehler übernimmt der Verlag keine Haftung.

1. Auflage

BEI INTERESSE AN DIGITALEN DATEN AUS DER MERIAN-KARTOGRAPHIE:
iPUBLISH GmbH, Abt. Cartography
merianmapbase@ipublish.de
www.merianmapbase.de

BEI INTERESSE AN ANZEIGENSCHALTUNG:
KV Kommunalverlag GmbH & Co KG
MediaCenterMünchen
Tel. 0 89/92 80 96 44
winzer@kommunal-verlag.de

TRAVEL HOUSE MEDIA

Ein Unternehmen der
GANSKE VERLAGSGRUPPE

TRAVEL HOUSE MEDIA
Postfach 86 03 66
81630 München
merian-live@travel-house-media.de
www.merian.de

PROGRAMMLEITUNG
Dr. Stefan Rieß
REDAKTION
Susanne Kronester
LEKTORAT
Rosemarie Elsner
BILDREDAKTION
Lisa Grau
SCHLUSSREDAKTION
Ulla Thomsen
SATZ
Sabine Dohme, München-Planegg
REIHENGESTALTUNG
Independent Medien Design, Elke Irnstetter, Mathias Frisch
KARTEN
MERIAN-Kartographie
DRUCK UND BINDUNG
Polygraf Print, Slowakei
GEDRUCKT AUF
Eurobulk Papier von der Papier Union

FSC ©
Mix
Produktgruppe aus vorbildlich bewirtschafteten Wäldern, kontrollierten Herkünften und Recyclingholz oder -fasern
www.fsc.org Zert.-Nr. SGS-COC-004980
© 1996 Forest Stewardship Council

BILDNACHWEIS

Titelbild (Odeonsplatz mit Feldherrnhalle und den Türmen der Frauenkirche), laif: P. Adenis/GAFF
A1PIX 20, 86 • akg-images: Bildarchiv Monheim 83 • alimdi net: M. Bail 99 • Allianz-Arena 88 • Alter Wirt 37 • Arco Images: Camerabotanica 34, W. Dieterich 125 • Bildagentur Huber: R. Schmid 22, 44, 122 • Bilderberg: A. Jakob 75 • BMW Welt 95 • captaphoto: B. Schöller 76 • Caro: Sorge 80 • Club Ampere 9 o. • A. Dallmayr 40 • Deutsches Museum 60 • Edmoses 53 • Focus: P. Rigaud 9 M. • Fotolia: Magann 120 • F. M. Frei 66, 73 • Getty Images: PNC 97 • W. Hösl 46 • M. Hoffmann 64/65 • Das Kranz 10/11 • laif: P. Adenis 56, P. Adenis/GAFF 103, Ph. Body/Hoa-qui/Eyedea Illustration 104, J.-P. Boening/Zenit 71, R. Celentano 4, 59, F. Heuer 90, 106/107, 113, 116, N. Hilger 128, H.-B. Huber 26 • LOOK-foto: I. Firmhofer 2, 25, Martini 48, 92 • Mandarin Oriental Munich 17 • Mariandl 19 • Museum Brandhorst 101 • Oskar Maria 32 • J. Seyerlein 108 • Shutterstock: O. Mirenska 126/127 • Spatenhaus 31 • K. Schäfer 12 • C. Schmitt 93 • The Charles Hotel 15 • M. Zegers 38